裂变营销

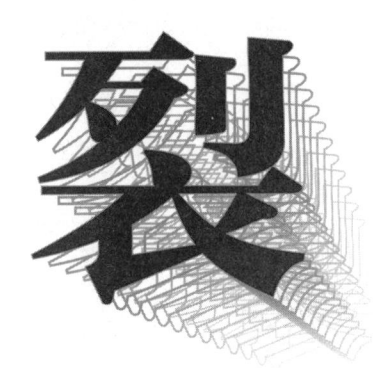

私域流量裂变模式全解

任周波 ◎ 著

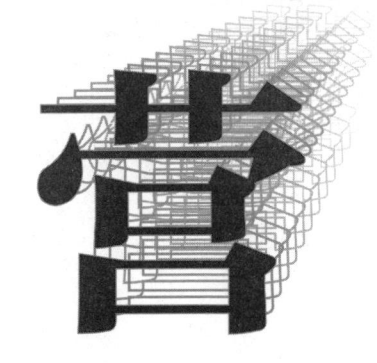

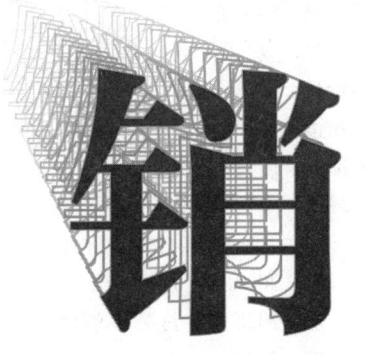

中华工商联合出版社

图书在版编目(CIP)数据

裂变营销：私域流量裂变模式全解/任周波著.——
北京：中华工商联合出版社，2022.8
ISBN 978-7-5158-3524-2

Ⅰ.①裂… Ⅱ.①任… Ⅲ.①市场营销学 Ⅳ.
①F713.50

中国版本图书馆CIP数据核字（2022）第134464号

裂变营销：私域流量裂变模式全解

作　　者：	任周波
出品人：	李　梁
责任编辑：	胡小英
装帧设计：	金　刚
排版设计：	水日方设计
责任审读：	付德华
责任印制：	迈致红
出版发行：	中华工商联合出版社有限责任公司
印　　刷：	北京毅峰迅捷印刷有限公司
版　　次：	2022年9月第1版
印　　次：	2025年8月第9次印刷
开　　本：	710mm×1020mm　1/16
字　　数：	150千字
印　　张：	13.5
书　　号：	ISBN 978-7-5158-3524-2
定　　价：	59.00元

服务热线：010—58301130—0（前台）
销售热线：010—58302977（网店部）
　　　　　010—58302166（门店部）
　　　　　010—58302837（馆配部、新媒体部）
　　　　　010—58302813（团购部）
地址邮编：北京市西城区西环广场A座
　　　　　19—20层，100044
http://www.chgslcbs.cn
投稿热线：010—58302907（总编室）
投稿邮箱：1621239583@qq.com

工商联版图书
版权所有　侵权必究

凡本社图书出现印装质量问题，请与印务部联系。

联系电话：010—58302915

Preface 前言

老实说，当我完成这本书稿的时候，内心是兴奋的，也是忐忑的。从事裂变营销培训工作这么多年来，经历的事情很多，帮助过的企业很多，完善优化的营销模式也很多，但面对广大的读者，虽有千言万语，还是渴望能够交上一份语言简练、实用的答卷。从过去的传统营销到现在新模式下的裂变营销，我见证了太多企业的转型，也见证了太多企业的失败。当然，我也看到了很多原本规模很小的企业，经过全新的营销裂变，迅速升级为资产上亿的大企业，原本濒临破产的传统小厂，瞬间裂变成了互联网产业下的精英。这一系列转变，其实也不过是企业经营者蜕变过程的一瞬间。

不可否认，如今很多传统企业还在坚持自己的固有模式，认为自己只要有货，就不愁发展，而事实上，这样做的成功概率是越来越小的。因为成本、局限性、流量都是很明显的，所能应用的资本也就有限。如果只是盯着眼前的那一点儿，毫无疑问，你不但会失去眼前以外的世界，就连眼前的那一点儿也是岌岌可危的。

曾经有企业家朋友和我聊天，他说："你知道吗？我曾经以为在市场上打败我的，至少也是我的同行对手，可没想到在这个时代，打败我的却是一个跟我的业务毫不相干的互联网公司。我的企业几百人，他们的公司却只有5个人。我以为赚几千万元就很了不起了，而他们每年却能赚3亿多元。这是我万万没想到的，对于新时代的营销模式，我是越来越不能理解了。"

这都是不争的事实，本来都在一个林子里打猎，你打完猎就消化掉了，别人打完猎把货存起来了，等到打猎的人越来越多，那片森林的红利就没有了，而此时存货的人，已经不再去打猎，而是依靠当初的猎物资本源源不断地裂变出新产品、新流量、新模式、新闭环，打造出了自己的平台道场——一个专属于自己的生态圈。他们开始立下自己的规矩，建立属于自己的营销玩法，将各路"英雄好汉"召集到自己的旗下，不花一分钱，就让他们心甘情愿、勤勤恳恳地为自己打工。他们将其他的"庄主"召集到自己的手里，成为"庄主"之上的"庄主"，利用平台源源不断地打造财富的雪球效应。当你说"买我的货必须付钱"的时候，人家却说："加入我们，货我送给你，你想拥有的成功、未来，我都送你，你来不来呢？"

以此为对比，鲜明的选择就摆在流量面前，当你还在纳闷自己与别人的差距在哪里的时候，你的有限资源已经不再是自己的资源，而别人的资源却在裂变中不断壮大、扩张……想想看，你求人买你的东西，买不买全看别人的心情，而有人却利用平台一呼百应，做什么都有一些人风风火火地赶来响应。你发展得好，别人觉得和他没关系，而有格局的商家发展得越好，越有人因此欢呼雀跃。说到原因，这里忍不住多问几句："你搞粉丝经济了吗？你建立自己的经销商体系了吗？你真的完善自己的裂变模式了吗？你搞定自己的利益共同体了吗？你有死心塌地地跟你奋斗的强大团队了吗？你的财富在滚雪球吗？你的资本和股权确定了吗？你完善好后续一系列的金融决策了吗？你能在线上与线下开启场场爆满的招商会吗？你能够在裂变流量的同时裂变内容吗……"这一系列问题，或许会让此时的你惊出一身冷汗。你发现当下的营销模式已经完全超出了你的想象，眼下传统经济营销模式下的自己，对于财富的概念，就好像在裸奔，如果此时再不好好补补课的话，说不定明天会死得更惨。

如果我上面的陈述，真的能够给你带来这样的震撼，那么我为你鼓掌，证明一切不算太晚。对于一个产品，即便是营销成了爆品，它的红利期也超不过两年。如果你只是因为想制造爆品而制造爆品，那么毫无疑问，你已经被全新的营销模式彻底踢出了局。这个世界最不缺的是模仿者，但永远缺少优质的决策者。如果此时，你能够有效地利用自己手中的资源，以全新的裂变营销理念去经营企业，或许下一秒你手头的资源就会发生矩阵式效应，所能获得的资本和利润将远远超出你的想象。做生意最重要的是开源节流，究竟源在哪里，流又应该怎样守住，这和对资本的理解与思维方式有关。

所以，本书从卖什么、怎么卖、谁来卖三个方面，分别阐述了爆品引流、裂变模式以及团队经营建设三个重要的营销板块，意在帮助你打通营销裂变思维的"七经八络"，全方位地了解裂变营销的战略、策略、模式和方法，并顺利地将一切融入自己真实的经营之中，搞定人、货、场，搞定钱、权、心。当你发现所有的一切，都能在你的精准计划下，得到快速增长和延展，你就不会觉得这个世界处处是恐慌，因为别人的恐慌是你挺直的脊梁，别人的无奈却是你机遇的开始。所有的"干货"都写在了这本书中，有图、有数据、有真相，所有的案例都是我精心挑选的。如果你相信我，就打开这本书。对于裂变营销这件事，想要应变当下企业模式的转型与蜕变，拿上它，你绝对不会后悔。

Contents 目录

● 爆品裂变篇 ●
卖什么——谁说"好产品"就是"好卖的产品"?

第一章　爆品思维
什么才是爆品建设的灵魂基础　// 003

看需求——从公海到私域,抢占客户要"稳准狠"　// 004

看颜值——产品有卖点,商机更亮眼　// 008

看体验——有"尖叫"的地方才有推广　// 013

看速度——心智资源,要的就是先入为主　// 018

看价格——"免费"来吃瓜,"链接"你我他　// 022

第二章　爆品战略
构建堡垒,打造支撑爆品的强大体系　// 027

用精准流量布局爆品　// 028

风口、痛点、数据拷打，一个也不能少　// 033

从0到10个亿，掀起你的裂变族群效应　// 041

小心，别让爆品干掉了爆品　// 044

● 模式裂变篇 ●
怎么卖——从0到10做基础，我的玩法我做主！

第三章　裂变模式1.0
用户裂变——点成面，面成片，"病毒"式扩散来个遍！　// 051

客户裂变——激活用户的有效途径　// 052

战术主导——朋友圈消费里的心理学战术　// 058

快速增粉——精准引流下的聚粉浪潮　// 063

第四章　裂变模式2.0
平台裂变——流量变现，第一时间抢占自主商业地盘　// 069

流量进化论：构建自己的私域流量池　// 070

圈地效应：裂变思维下的超级赋能　// 074

裂变+电商+平台，快速提升你的老板格局　// 080

第五章　裂变模式3.0
直播裂变——零投入，打造全胜宣传阵地　// 087

直播凭什么这么火？　// 088

从22.5万元到100亿元，董明珠到底做了什么？ // 093

直播除了带货，还能不能玩点别的？ // 096

第六章　裂变模式 4.0
代理裂变——线上线下，玩的都是自己的套路 // 101

摆兵布阵，打通新零售渠道的七经八脉 // 102

线下：如何打造场场爆满的招商会 // 105

线上：线上招商引流，开拓新天地 // 108

第七章　裂变模式 5.0
创客裂变——你的利益共同体搭建好了吗？ // 113

先提个问题，除了卖产品，我们还能卖什么？ // 114

产品只是媒介，别人因它看到了你的模式 // 116

撒豆成兵，引领消费的永远是欲望 // 119

第八章　裂变模式 6.0
粉丝裂变——圈粉无数，寻源有路，"渔"多，"鱼"才能更多 // 123

如何圈粉，快速变现 // 124

内容为王，深度教育，你的玩法你做主 // 127

第九章　裂变模式 7.0
成交裂变——万物皆虚，万事皆允 // 131

人：流量裂变，碰到就一定要得到 // 132

货：体验式青睐，打造属于自己的交易闭环　// 136

场：找对时间，找对地点，找对感觉　// 142

第十章　裂变模式 8.0
金融裂变——优化赚钱模式，开源节流所辖无敌！　// 149

"破局重设"，只为打造自己的战略思维　// 150

数字资产也是资产　// 154

第十一章　裂变模式 9.0
产业裂变——产业独角兽，转型加任性，下个老大会是谁？　// 157

成功，不是你会什么，而是看你整合的是什么？　// 158

拼过了商业模式，你也是行业的老大　// 160

第十二章　裂变模式 10.0
智能裂变——人工智能，让天下成交化繁为简　// 163

自主系统，提前预备好的经济红利　// 164

一站式链路，手机在手，做什么都不愁　// 165

合理化设计，做营销裂变下的读心高手　// 167

● 团队裂变篇 ●
谁来卖——资源整合，团队的战斗力，企业真实力！

第十三章
过去与现在，团队人才管理的重大变革　//　173

创业型员工就是最好的庄家　//　174

如何打造高效能团队　//　178

知人善任，战略与执行力的角逐和比拼　//　183

第十四章
防而胜防，创始人治理企业团队的制胜法宝　//　187

分了股权，股东不胜任怎么办？　//　188

设置完美的合伙人合作机制　//　192

公司章程里的"特设创始人保护条款"　//　199

爆品
裂变篇

卖什么
——谁说"好产品"就是"好卖的产品"?

> 内行看热闹,外行看门道。爆品之所以是爆品,看的不是它的作用,看的是如何利用。好产品不一定是好卖的产品,好卖的产品,也不一定就是爆品。爆品的裂变在于模式,而爆品的销量却源于裂变。建立强大的爆品支撑体系,将成为后续爆品养成的重力核心,谁把握住了这个点,谁就在营销征程上把握住了火候,抓住了商机。

裂变营销：私域流量裂变模式全解

爆品思维

什么才是爆品建设的灵魂基础

第一章

看需求——从公海到私域，抢占客户要"稳准狠"
看颜值——产品有卖点，商机更亮眼
看体验——有"尖叫"的地方才有推广
看速度—心智资源，要的就是先入为主
看价格——"免费"来吃瓜，"链接"你我他

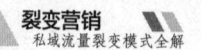

看需求——从公海到私域，抢占客户要"稳准狠"

曾经有个朋友说过这么一句玩笑话："现在往兜里赚钱不容易，但想要把钱花出去，就是一瞬间的事情。"当我听到这句话的时候，第一反应是："这或许是个机会。"每个人手里的积蓄都是有限的，如何能够看清需求，让对方心甘情愿地把手里的钱拿出来。老实说，这是一门学问，也着实是营销历程中不可或缺的智慧所在。

那么同样是消费，别人为什么会选择你的产品呢？首先，最大的看点就是需求。就需求而言，大体逃不过三点效应，第一要看担心什么，第二要看痛点是什么，第三要看需要什么。所有的消费其实都是为了帮助自己解决问题、缓解痛苦、满足需求的，但是究竟怎样运作这些担心、痛点和需求呢？有些人想要立竿见影的效果，但如果一开始就那么做，很可能起不了多大的作用，就像快速缓解痛苦以后，痛苦就不复存在了。一旦"痛苦"不存在，产品的价值就会大打折扣。所以，精明的商家一定会先大肆渲染痛点，把痛戳到极致，这时才能让人迫切想要改善，以至于产生一种没有买到产品就要抱憾终生的想法。如此一来，产品成了媒介，引领了所有人渴求解决问题的迫切。迫切成就消费，消费成就时尚，时尚就是企业的核心文化，而核心文化的接受，很可能就是从打造需求的痛点开始的。

曾经的企业经营者总是想当然地觉得，自己的产品应该如此这般运作，只要把产品做到精益求精，就能撬动消费的痛点，直接引领市场上的需求焦虑，但事实很可能并非如此。想当然地打造需求和文化，只是一味地顺应自己，却很可能与需要裂变增长的消费群体没有一点儿关系。因为你思考的痛点不是对方的痛点，所以戳上去也是不痛不痒，对方觉得什么都没有发生，消费自然也就无从谈起。对消费者而言，只要能以最小的消费成就最大的利益，根本就不会有更高的消费份额发生。如果想要促成生意，那么最好不要生产锦上添花的产品，而是能够生产刚需产品，就长远规划而言，凡是步入刚需份额的消费，竞争者都在少数，相比于那些在红海中"血战"的营销战略，蓝海中的营利则更为宽广，更富有实际效益。

爆品的核心价值更像是传播企业信念的媒介，它作为桥梁将大批的流量吸引过来，储蓄在自己的流量池塘里，最终完成一重又一重的裂变。爆品更像是个鱼饵，将所有的猎物聚集整合在一起，不断地储备存续，最终形成属于自己的生态链条，就此爆品被整合为四个重要的组合，第一，引流产品（吸引流量）；第二，沙丁鱼产品（量大利润低）；第三，肥牛产品（量大需求大）；第四，大熊猫产品（不开张则已，开张吃三年）。不同的产品在四项组合中，源源不断地被分割开来，经过系统地运营，打造出一个企业非凡的爆品和独立自

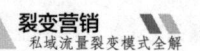

主的品牌功能效应。

举个例子来说，麦当劳的汉堡是当下大众消费者耳熟能详的产品，起初的每个汉堡只需8.8元，而其定位就是准确无误地引流产品。有了产品，就可以化身肥牛产品赚取更高昂的加盟费，而其最好的实际价值则在于大熊猫产品中的房地产运营。麦当劳看起来是一个经营食品的企业，而其存在的实际价值却是整个商业地带的房地产经营。它将自己手里的产品有机地整合在一起，彼此配合，协调统一，最终打造出属于自己的商业帝国，不管是百姓的钱，还是加盟商的钱，抑或是地产经营的成果打造，全部赚得盆满钵满。

当然，要想用爆品递橄榄枝，首先要满足五大支点：第一，产品的卖点是什么；第二，支撑产品卖点的支点在哪里；第三，产品的闪光点和个性是什么；第四，值得人尖叫的叫点在哪里；第五，其真正的核心价值是什么。所有的点对应的都是人性中最为敏感的"贪、嗔、痴"。聪明的营销经营者，在看透这一点后，带着自己的觉醒如实颠倒过来反观，反观得越透彻痛点就越明确，反观得越清醒盈利就越丰厚，这或许就是裂变式营销顺应时代的核心价值所在，也是企业对其品牌文化、创始人经济、技术革新、专家验证和概念打造所遵循的最重点理念精髓。

如今的消费早已经不再局限在人与人之间的物性理念架构之中，它是互联网经济、物性经济和心理需求架构理念相互整合的结果。其中最重要的核心部分，作用的就是消费者的心理架构。换句话说，如今的消费者对于产品的理解已经与过去的消费者截然不同。消费意味着接受一种情怀，一种全新的生活理念，一种对自己的认同，抑或是其他的内心呈现。如果此时的产品不能迎合消费者心理的需求，即便是一切包装得再好，每一个细节都做到无可挑剔，也无法撬动消费的杠杆，在市场中占有一席之地。

那么究竟如何诠释当下的消费者心理呢？举个最简单的例子，当下有人卖酒一瓶3000元，很多人会觉得："这是什么酒啊？这么贵！"但偏偏就是有人愿意买，生意还做得异常红火。其主要原因就在于，它从另一个侧面撬动了消费者的心理账户。其实对当下的所有人来说，每个人在生活中都存在两个账户系统：一个是实体账户，就是手里拿的储蓄卡；另一个就是内在的心理账户。每个人的心理账户中都有着不同规格的消费意识，意识诠释的就是对一件产品的认知以及它是否真的值得买。有些人买了产品自己舍不得用，但是如果请客、送礼就会特别舍得；有些人虽然在高端消费场所出手大方，到了菜市场却还要和小贩为几毛磨半个小时。其主要原因就是他们的心理账户在主导着他们人生中的每一笔消费。所以想让自己的产品成为爆品，首先就要对自己的消费群体所秉持的心理账户进行系统考量。

想要打造爆品，最好的呈现就是它恰巧成了消费者意识中的刚需，以至于当需要的时候，就会在第一时间想起它。这种想要解决自身问题的迫切感，促使他们对眼前的产品无从拒绝，不管是出于一种尝试心理，还是因为内心对痛的恐惧。总而言之，当消费者欣然为之付费的时候，创业者精密的数据计算和有效的营销运作已经成功了大

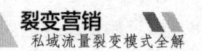

半。它与消费者的心理一拍即合，也在一拍即合中成就了专属于自己的时尚和主流精神，以至于当消费者下意识地聚集在一起，产生裂变效应的时候，都会不自觉地成为这一主流精神的拥护者。因为消费者对这种精神秉持着信任和鼓励的态度，所以后续的裂变才有了更进一步的可能。大家开始下意识地用企业优化的方式将产品分享出去，在促成消费的同时，爆品也在用自身的媒介效应打造更多的可能。

看颜值——产品有卖点，商机更亮眼

这个世界上有万千种商品，为什么别人能够在"众里寻他千百度"之后，选择了你的产品？爆品的吸引力究竟在哪里，如何能够做到一经触碰，就能让购买者欲罢不能。除了之前说的价值利益、粉丝经济之外，其中一个最核心的看点就是颜值。

举个例子来说，两个年轻人，一个显得老态龙钟，一个看上去精神抖擞，或许前者比后者的能力强一些。作为招聘方的你会如何选择呢？毫无疑问，出于对美的需求，颜值可以说占有了卖点的很大一个成分。

曾经有一位爆品研究人员说过："产品搞创新，颜值是核心，故事是内置，色彩是焦点。同一款产品，倘若在功用上看不到优势，那就不如把一切聚焦到颜值上来。"所谓的爆品，就是要在任何弧线上都无可挑剔，不论是模式、品牌、作用，还是产品本身。

2015年，有一款超级清新的点子产品SMANIC车载空气净化器，如一股惬意的清风，吸引了众多有车族。该产品的两位研发人，都是从松下离职自主创业的"80后"，他们将产品的简洁之美，发挥到了淋漓尽致。因为品相高大上，线条足够美，端起来的时候，就好像端着一碗清明的净水，开机的时候，只有一个简单明了的主键。如此简约大气的设计风格，再配上完美的裂变式营销策略，刚一进入市场，仅仅几个月的时间，就快速升级为品牌中无可挑剔的爆品。仅在孵化阶段，就在奇葩物平台上卖出了2000多台。

或许从功能上来说，这款空气净化器与其他产品没有什么太大的区别。在当时已经快杀成红海的车载空气净化器市场，这款产品之所以能在平台上销售成功，除了其过硬的核心技术，以及超强的净化功能之外，更离不开的是它的颜值设计，因为第一眼就让人过目不忘，所以毫无疑问，赏心悦目的颜值，是这款爆品抢尽风头的核心竞争力。

产品是相似的产品，但同等产品的基础上，颜值较高的，自然会在市场上抢占先机。人们都说，海量的产品千篇一律，有趣的颜值万里挑一。人常常先入为主，要么是因为好看，要么是因为有利可图。倘若别人的产品都是常见的样子，而你的产品给人一种很特别的感觉。不论是从色彩上，还是从应用模式上，都给人耳目一新的感觉。在方便利用的同时，能够带给人强烈的视觉冲击和好感，那么就当下消费群体的行为习惯来说，那就只有8个字："情怀对路，消费直入"。所有人都会被美的事吸引，一旦陷入其中，少有几个人能表现出理智。这就是爆品最好的包装模式：第一感觉亮眼，第二才是卖点。倘若你的产品不能在3秒内征服消费者，那么后续再精美的设计，也没有然后了。

怎样才能塑造爆品的高端颜值呢？首当其冲，我们应该从以下四点来着手（见图1-1）。

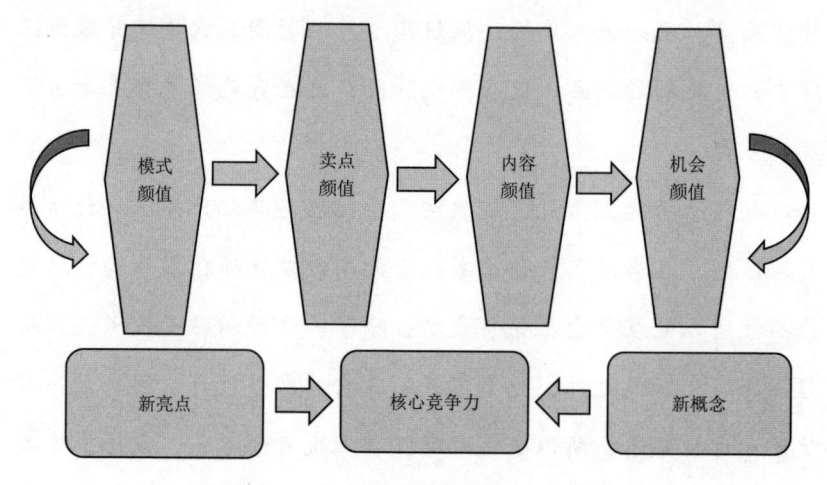

图1-1 塑造爆品高端颜值四大方面

第一，模式颜值

想要让消费者认同商品，首先就要让他们先了解并且认同你的新模式。这是一个好产品的有意思的看点，也是他们在此之前从未见识过的卖点。为此，苹果公司设置了自己的手机运营系统，使得"鱼塘里"的"鱼"被吊足了胃口。微信也建造了自己的围栏帝国，源源不断地在其中发展自己的玩法。也正是基于这个原因，消费者在参与的过程中，脑洞被瞬间打开，他们开始越发地愿意贴近这一新奇的概念，越发地想要通过这个概念模式认识产品。这本应是他们开启爆品嗅觉的第一步，也是爆品进入他们视野至关重要的敲门砖。

第二，卖点颜值

同样的产品，如果功能都差不多，那就选谁都一样了。所谓爆品，自然就是在保持原有基本功能的同时，对更多的功能进行整合和创新。曾几何时，电话是电话，电脑是电脑，但当电话和电脑完美整合后，眼前的世界都跟着改变了。曾几何时，吃饭最简便的付费模式是刷卡，交电费只能跑到银行，行程攻略要耗费很大精力，但现在，只需要一个App爆品软件，一切就能轻松搞定了。这就是新功能整合带给消费者的魅力所在，因为产生了对比，所以他们没有理由拒绝能够帮他们解决更多问题的那一个。

第三，内容颜值

传统的产品促销无外乎送小礼物、打折扣，但就现在消费者的理念来说，必然是渴望通过一个产品得到更多。所以从打造爆品颜值的角度来说，新内容的包装绝对不容小视。一个简单的小视频，一次强劲的爆文推广，一种对于信仰和情怀的渲染，瞬间就能使手中的商品戴上爆品的王冠。将产品加入色彩，将色彩带入故事，用故事带动消费，最终在成交中瞄准客户，再从客户经营中形成闭环。这看似无形实则有形的爆品经营模式，让新媒体运营得到了飞速发展。内容为王的战略，在降低了广告成本的同时，用更鲜活的场景带入和画面带入，为爆品的颜值又加了一层闪耀的光环。

第四，机会颜值

眼下产品那么多，却多半是从别人兜里掏钱的。这时候假如有一款产品，在无可挑剔的质量保证前提下，商家告诉你："如果你买了我的商品，我能给你带来更多的发展机会。"这样天大的好事，恐怕所有人都忍不住要看上一看。本来面对面都不认识的陌生人，因为购买了产品而结缘，又因为产品成交后续的内容，而建立了更进一步的链接，并通过这种链接，赢得了更多的机会和资产，在无形的运作和自我运作中，得到了知识，也获得了实惠，而且这种实惠，越来越叠加，如此一来，消费者的积极性就被彻底调动了起来。反正都要买，都要用，但别人卖的是产品，你卖的是机会，消费者自然要抓住机会了。

当然爆品最亮的颜值不局限于产品本身，它所要打动的是对方的灵魂。倘若一个产品，它的思路仅仅是交易本身，那它也仅仅只是一个产品。如果我们将它作为一把开天斧、一个敲门砖，那眼前展现的就将是辽阔的世界。

颜值卖点，表面上促成的是成交，但核心经营怎能就局限于此？有形的资产有了，无形的资产也要有效地利用起来。倘若此时爆品在经营成交的基础上，卖出的是机会，那么这样的策略，才算将产品的颜值做到极致。因为青睐，所以加入；因为亮眼，看得更远。就爆品而言，不断翻新意味着一条很长远的路，它缔造的是一个全新的概念，一种富有创意的生活方式。它的使命是变革世界，而变革世界的源泉，就在于眼下卖点经营的玩法和策略。你可以对眼前的产品进行多维度的定义，如果有一天别人看到它，就犹如看到了另一番"天下"，那么在这一"天下"的覆盖下，你的品牌价值和利润，会不会更可观呢？

看体验——有"尖叫"的地方才有推广

以往，人们总觉得吃的就是吃的，用的就是用的。之所以这样，原因很简单，那时候物资匮乏，基本上没什么更好的选择，而且更现实的是，每家的情况基本上一样。如果有点儿新鲜玩意儿，大家就惊讶得不得了。现在，人们的消费观念已经跟以往大不一样了。你今天拿出一个新奇的东西，明天我内心萌生了某种特别的需求，于是一种迫切的尝试感和体验感，在爆品的世界中裂变式地铺展开来。如若不身临其境，怎能知道这款产品有多适合自己，如若没有真实的体验，或许内心的购买冲动紧跟着就会大打折扣。所有的尖叫，都源于爆品推动式的体验和尝试，如若这个环节没弄好，想让更多的人认同自己，又该从何谈起呢？

所以，这里想说的是，曾经人们买牛排，就是单一地买牛排，而如今的消费者，说是买牛排，实则是愿意为感受牛排的"滋滋"声买单。想象一下吧，如果你走进餐馆，服务员给你端上来的是一个大白盘子，盘子里干干净净地放着一块肉，足够分量，制作也足够精良，这时你会问："难道只有这些吗？"而对方的回答是："您要的不就是牛排吗？"回答一出，望着眼前毫无生气的单调，想必本有的渴求和食欲也会跟着大打折扣了吧！以前的消费者买的是需求感，而现在的消费者，要的是体验感。这里面涵盖着画面感、场景感以及一系列的心理需求，很可能适用性的要求，会排到最后。

当然，或许除此之外也存在着别的可能，即便是场景特效，"滋滋"声足够诱人，火候足够到位，一切都足够有吸引力，但是此时的你却放下了刀叉，或是对这一切视而不见。这时候或许有人会问："此情此景，你竟然不动心？"但答案可能会让很多人失望，因为你不够饿。

人在饿的时候，会对一切食物产生本能的需求，而人在需求强烈的时候，不论是情绪上还是意念上都会不管不顾。这种饥饿的本能会驱使他们去寻觅各种食物。倘若此时，你能够将满足需求的食物，放到饥饿感爆棚的人群里，毫无疑问，即便它不具备爆品的一系列潜质，此时的它也是毫无疑问的爆品。（详见图1-2）。

所以，最重要的或许不是爆品的设计，而是爆品的体验；最重要的不是场景的规划，而是现实的饥饿经济。所有体验感的设计，本应该是为饥饿感服务的。如若不能兑现一场饥饿盛宴，即便产品的体验画面再精美，再能感动自我，也照样是无济于事的。

真正饥饿的用户到底是什么样子的呢？

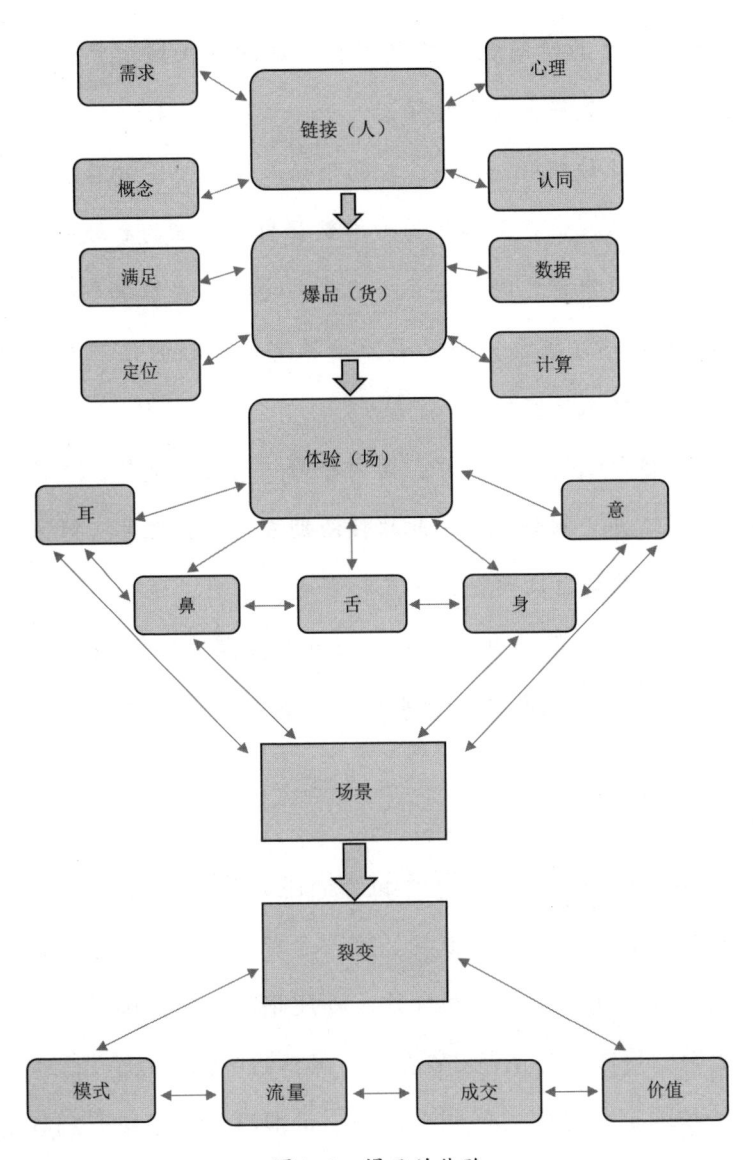

第一章 | 爆品思维　什么才是爆品建设的灵魂基础

图1-2　爆品的体验

举一个真实的例子，在空气净化器行业，曾经有数百个品牌存在，也有一堆媒体测评过，得出了若干种排序，但只要雾霾一起，所有品牌的净化器就会全部脱销。例如，当时的美的空气净化器,仅一年的时间就卖了20万台。这就是饥饿用户的极致表现,也是他们最符合标准的样子。

有一款软件叫Snapchat,它的创始人是一个"90后",叫埃文·斯皮格尔,他也是马化腾心中最让自己紧张的年轻创业者。如今他的公司市值已经超过了一百亿美元,斯皮格尔个人的资产也达到了近15亿美元。当他成为世界上最年轻的亿万富翁的时候,这个年轻人只有23岁。

斯皮格尔做的这款软件,国内译为"阅后既焚",这是一个图片沟通工具。例如,你用此软件给朋友发一张照片,对方看了以后,几秒就会自动删除,而且对方看照片时,还得用手指按着照片,原因是如果稍有不慎,就会面临截屏危机。但这个软件也会告知照片的发送者,如果你真的选择如此做,那么记得后果自负。

对Snapchat这款产品,用一个词来描述那就是:点杀。点杀本来是一个体育用语,用在产品上就是,把一个单点做到极致中的极致,虽然单点不大,但足够绝杀庞然大物。斯皮格尔之所以能够成为最年轻的亿万富翁,其核心的亮点,就在于产品体验中的"点杀"二字。

在传统的工业时代,公司在竞争中是很难靠一个单点制胜的,但是如果这种境况发生在互联网时代,那么产生的爆炸效应就会很不一般。虽然只用了其中一个小小的逻辑,但"阅后即焚"这个痛点竟然有了百亿美元的身价。这让很多人大跌眼镜,甚至也让很多大佬看不懂。

其实斯皮格尔的商业技巧很简单，他不过是找到了一个"过敏性"的体验痛点：年轻人的社交图片分享，把一个点做到极致，对用户的痛点做深度的洞察和解决方案，这样的过程，让别人无法超越。

阅后即焚早期的痛点人群是高中生，当时的监测数据显示，Snapchat的使用高峰时间是上午9点到下午3点。这个时间正好是学生上课的时间。美国一些高中是禁止学生上课使用facebook的，因此，Snapchat迅速风靡。学生在上课的时候，可以愉快地互相发送图片，而且不会留下任何证据。

此外，阅后即焚的另一个深度痛点人群就是女性，大约占到Snapchat使用人数的七成，其主要原因就在于，女性爱自拍，这在全球都是一个普遍现象。另外，阅后即焚很明显地降低了女性自拍上传的心理压力，因为不会被反复观看，所以也不必花费更多的时间品头论足。

然而，还有更重要的一点是，使用者的好奇心，被无限地扩大，一旦玩儿起来，黏性就会变得很大。Snapchat随后推出了阅后即焚的广告功能，而且价格也不便宜。但这却受到了众多商家的追捧。这种本不看好的营销方式，却因为聚敛了一亿的粉丝，而成为所有投资人青睐的对象。精准的年轻购买群体，让他们从中看到了商机，所以他们愿意和这个只有23岁的年轻人合作。

怎样经营用户的饥饿感？看不准就会觉得很复杂，但看准了，一切就是这么简单。所谓的爆品，就是要快速而有效地拿捏好这份"先发优势"，真正意义上带给客户饥饿感。这种饥饿的体验，足够勾起他们的欲望。如若此时，这份饥饿成为习惯，成为一种离开就会手足无措的紧张。那么毫无疑问，不管这款爆品在别人看来，看得懂，看不懂，从营销策略和裂变策略上看，你都会成为最终的赢家。

看速度——心智资源，要的就是先入为主

现在，就让我们闭上眼睛想想，如若提到可乐，你会想到哪个品牌；如若今天上火想喝凉茶，你第一个会想到哪个品牌；如若陪客户去咖啡店，第一个映入你脑海中的商标是哪个；如果今天想要买一辆高档名牌车，你首先会想到的品牌是什么。如若此时你的心中已经有了先入为主的答案，那么不妨问问自己，为什么眼前闪过的是它们，而不是别的，为什么它们会给予自己本能信赖。虽然在此之前，自己并没有频繁地在这些品牌上产生消费，那么这种看似本能的品牌意识，究竟是从何而来的呢？

从客观上讲，之所以产生这一系列的连锁反应，其核心价值在于营销裂变市场，深入人心的品类效应，它所塑造的不仅仅是一个产品、一个产品背后的品牌。最重要的是，它准确地驾驭了消费者的心智，让他们本能地认同自己，本能地想要了解自己，直到作用于行动，形成一种默契。只要自己有能力消费，这些品牌就会先入为主。

有关于心智和品类的定义，是艾·里斯与杰克·特劳特在1972年提出来的，它被美国营销协会评为"有史以来对美国营销影响最大的观念"——"定位"。定位理论有效的基础，就是消费者的五大心智

模式：第一，消费者只能接收有限的信息；第二，消费者喜欢简单；第三，消费者缺乏安全感；第四，消费者对品牌的印象不会轻易发生改变；第五，消费者的心智容易失去焦点。如果谁能通过这几个着重点，把握消费者的心智，毫无疑问，品牌的价值会快速裂变，你将会成为主场营销博弈中毫无争议的赢家。

所以，有句话说得好："天下功夫，唯快不破。"速度越快，你所抢占市场的份额比例就越大。此时即使不投入太多的广告，品牌的地位也会是无可撼动的。

在移动互联网时代，有人说：内容的快速制造和发布是相当重要的，也有人说，抢占市场的速度更为重要。在我看来，与其将金钱花费在这方面，不如直接入心，从快速抢占心智资源路线着手，迅速展开自己的爆品营销裂变计划。

那么什么是心智资源呢？所谓心智，自然是已经入心的，它代表着品牌在消费者心中的定位，也就是我们在大脑里想到某个概念、场景、品类的时候，第一个蹦出来的品牌或产品。它也许源于一句广告词，也许出自广告牌上靓丽女郎的一个微笑，也许就是历经营销手段"驯化"后的一个认同。总而言之，不管什么方式，它就是能从众多复杂信息中脱颖而出，简单、快捷，从不拖泥带水，于是就这样，它们在消费者心中有了存在的位置，与心中的最好画上了等号。只要提到领域的最好，大脑就会自然产生反应。例如，最安全的汽车=沃尔沃；最好吃的包子=狗不理。人通常就是，只要手里有钱，就一定要让自己享受到最好的，所以显而易见，心智决定流量，不需要太费力，心智的能量就会源源不断地涌动而来（见图1-3）。

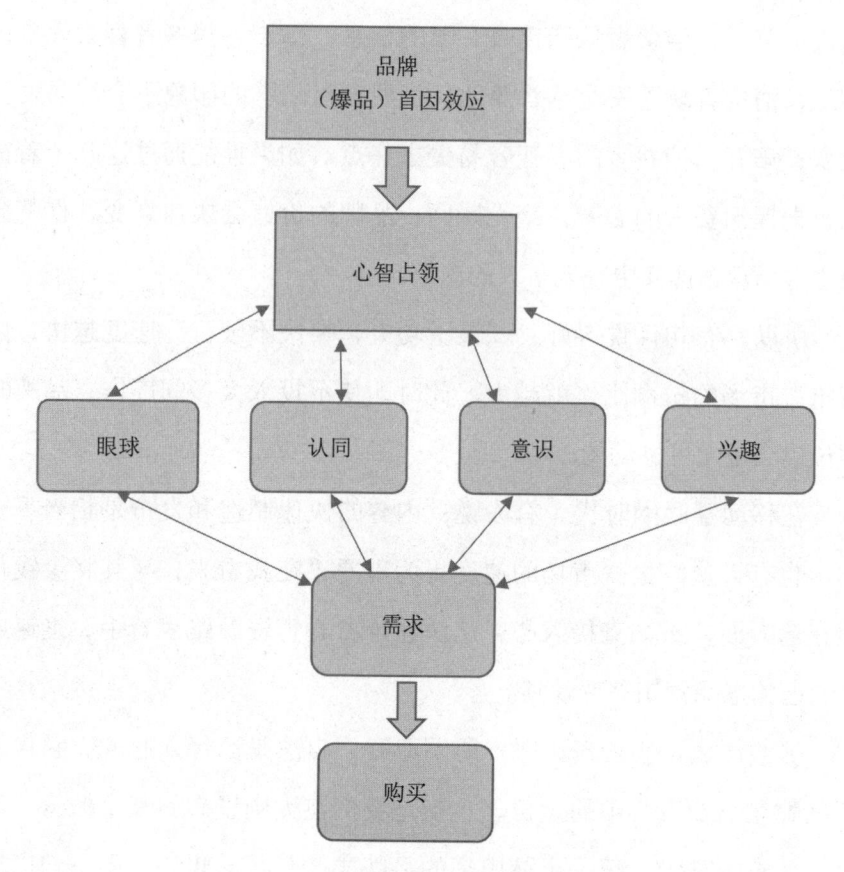

```
        品牌
     （爆品）首因效应
           ↓
        心智占领
      ↙  ↕  ↕  ↘
   眼球  认同  意识  兴趣
      ↘  ↕  ↕  ↙
         需求
          ↓
         购买
```

图1-3 爆品的心智资源

所以，但凡是有点儿商业头脑的人，心里都会有笔聪明账。在互联网时代，消费者每天都要经历多次广告信息的轰炸，眼前的产品光是看就能眼花缭乱，那为什么非得要选择你的产品呢？这里面的一个强效定律就是心智，心智代表着第一，代表着唯一。如若这种"从一"效应能够获得融会贯通，那么大同市场、垄断市场的核心要务，就不再复杂。所谓得人心者平天下，搞定了消费者的心智，一切问题就不再是问题。

第一章 | 爆品思维　什么才是爆品建设的灵魂基础

我们一起来看一个例子：

2014年和2015年春节联欢晚会上微信"摇一摇"抢红包受到人们的关注。微信红包这款产品通过春节这个传统节日，迅速抢占了人们的心智资源，在大众流量中赚足了眼球。这样一款微小的转账工具无形间就抢了"支付宝"的生意。

眼看转账业务的"老大"地位马上要被取代，马云的团队坐不住了。当时，支付宝除了擅长网购领域以外，线下店面的扫码是弱势，微信这么一来，朋友间小额转账业务市场等于拱手让给了他人。这样下去，势必会给支付宝今后的业务发展带来威胁。于是2016年伊始，支付宝关心的问题只有一件，那就是怎么把朋友之间转账的场景从微信挪进支付宝。

2016年春节前，支付宝花费巨资拿下了央视春晚的红包合作，一心想要发展支付宝的平台大事业。支付宝特别出台了"集五福，分两亿"的活动，规则是，用户如果能够集齐五张福卡，就可以参与除夕夜两亿元现金的分红。在这里，我们且不探讨支付宝活动的成败，但就从社交平台裂变概念来说，就已经犯了抢占"心智"资源的大忌。因为之前的微信红包业务已经先入为主，而支付宝此时采用抢占市场的方式为时过晚，以至于支付宝在活动结束以后，朋友圈就重新回到了冷清状态。大家在网上社交的时候，依然率先选择微信，这也意味着微信在占据心智市场的同时，成为消费者用来社交的第一平台。此时的支付宝终于意识到，人们的心智资源不会为"社交"开辟第二块土壤，因为太复杂，也不方便。与其在没有意义的博弈中争夺份额，不如将最擅长的内容发挥到极致，于是支付宝在经历心智构建洗礼后，重新着眼于自己擅长的领域，反而稳固了自己在人们心中的地位，成为跨界支付领域的业内王者。

由此可见，心智效应对于企业生存的价值有多大。未来的诸多行业，可能出现垄断市场的王牌，它们不但占据流量，还垄断了行业范围内所有人的心智资源。对于它们来说，爆品无非就是让更多的消费者掌握更多认识自己的渠道，而这些渠道可以衍生成为更富有内涵的文化。

看价格——"免费"来吃瓜，"链接"你我他

要想做爆品，就要调足了消费者的胃口，其中核心价值诱惑力，就是用户的"贪、嗔、痴"。"贪"，就是指有便宜可赚。"嗔"，就是指戳需求和痛点。"痴"就是指经过产品驯化后的痴迷、专一、拥护和认同。其中一个最重要的核心内容，并不是品牌产品的品类，而是它们所能引爆消费者购买欲望的价格，所谓"酒香不怕巷子深"，足够勾起馋虫的，除了眼前的这碗"酸菜鱼"，还有这款"酸菜鱼"背后的实惠价格。它不但能够聚焦人气，还可以有机会针对自己的产品制造话题。话题一多，参与的人就会多。参与的人越多，自

动传播的人自然也会越多。等到人气和流量都聚集起来了，这就涉及了更深一步的布局。你终于可以带着这些人参与自己的玩法，通过他们赚钱，然后再让钱生钱，便可以把他们变成自己的合作伙伴，让他们在发展自己事业的同时，源源不断地给自己带来利润。这一切机遇的开始，很可能是从赋予第一个爆品的价值定义产生的。

消费者无论贫穷还是富有，面对产品，首当其冲的概念就是要"物超所值"。那么什么是物超所值呢？让我们打个比方，你看到了一款满意的玉镯子，看来看去觉得质地不错，依照以往的购物经验，整个玉镯至少值3000元。于是你略带紧张地翻看了标价牌，惊喜地发现只要"1000元"，于是你的内心产生了狂热的惊喜感，觉得自己捡了一个大便宜，这就叫"物超所值"。但凡是大家能够得到实惠，就必然意味着销量增长，"价值感"促进了消费者的购买动力，而动力的核心，从根上说就是一个"贪"字。

很多商家在推出爆品的时候，都会在定价原则上反复推敲，而爆品要想爆，头等大事，就是价格不能抬得太高，其价格定位至少要满足市场20%的目标消费者，如果可能，这个范围越扩大越好。很多奢侈品无法成为爆品，主要原因就在于它们的价格无法被大多数人接受。这意味着它们锁定的群体，只能占整个市场的少数，而要想把这少数人的需求经营好，爆品反而也变得不那么重要了。爆品的价格目的见图1-4。

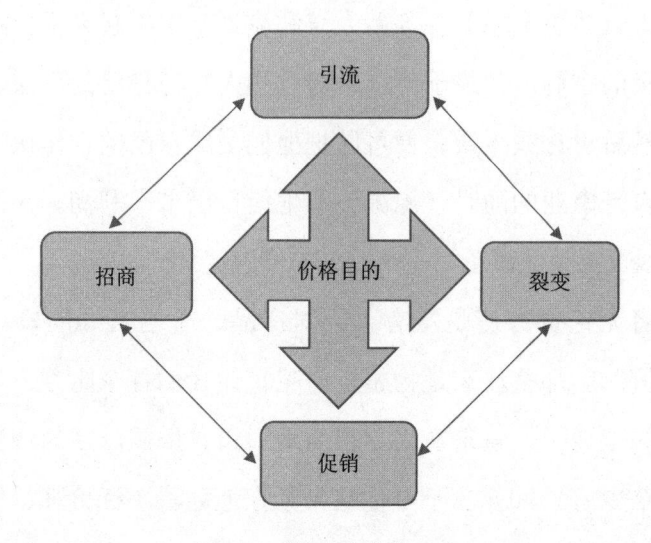

图1-4 爆品的价格目的

爆品的核心任务，除了要做出品质外，最重要的内容是吸引流量。它是一个链接流量的工具，是抢占大众心智的敲门砖。产品需要以此为媒介，让更多的消费者认识，让流量因为爆品的出现而不断裂变。商家需要以爆品的推广创立属于自己的私域规则和玩法，然后在源源不断地裂变整合中，赢得更多的利益和价值。其中，最有流量的核心，就是产品的价格。尽管就品牌建设来说，所有商家都希望杀出红海，但倘若没有资本作为支撑，抢占不到流量的战略高地，即便后续的营销策略设计得再好，所能达成的最终效果，也未必是最理想的。

设计爆品的核心，第一点是要投其所好，第二点要看清它的任务所在。它的重点并不是要成为经典，而是要完成精准客户的引流，为自己后续品牌的发展，带来更多的裂变机遇。

那么引流的爆品计划到底应该怎么进行呢？看看下面的裂变营销

案例，你就知道如何快速有效地利用价格引流精准客户了。

　　对于很多开餐厅的老板来说，要想留住客户的胃，看家本事就是那几个拿手好菜，而这几个拿手好菜就是整个餐厅最好的爆品。不管是水煮牛肉，还是宫保鸡丁，能被堪称招牌的，都得率先抢占用户的心智。

　　大多数餐厅老板做活动的方式是："你来我店吃饭，点餐的同时，再送你一两个小菜。"这在他们看来已经是足够大方的举动了，区区小菜又有多大的吸引力呢？别人到你店里吃饭，图的就是你送的这几样小菜吗？当然不是。招牌菜才是吸引用户的制胜法宝。与小菜相比，如果活动力度的着眼点在这些爆品上，那毫无疑问，一定会比前者更富有吸引力。

　　那么现在做爆品的高手是怎么干的呢？相比于送小菜，他更愿意将主营爆品变成免费的，告诉大家这就是我们的爆品，最好吃的菜现在免费了，你来不来？

　　例如，一家经营剁椒鱼头的餐厅，在当地是有一定的影响力的，也是一家开了十多年的老店。剁椒鱼头是全餐厅的招牌爆品，现在想要裂变更多精准客户，那到底应该怎么运作呢？

　　当然是要搞活动了，让每一个消费者都能吃到价值100元的剁椒鱼头。一个餐厅里的爆品免费了，自然就会招揽很多食客来尝一尝。那么主菜免费了，是不是就亏本了？这样无条件的免费吃，餐厅怎么受得了？

　　答案是当然不会。在活动期间，食客只要带上一位朋友，剁椒鱼头就可以打五折，带上两位朋友，剁椒鱼头可以打三折，如果带上三位朋友，剁椒鱼头可以免费吃。4个人一起来吃饭，难不成就只吃一个鱼头？肯定是不可能的。一是不够吃，二是这样的事谁好意思做啊？

从常规角度分析，大多数客户都会选择带3个好朋友来吃饭，点上招牌爆品剁椒鱼头，顺便再点上几个别的菜，然后一边儿聊，一边喝点儿小酒，快乐地享受一段用餐时光。这样的消费算下来，不但不会亏，反而还会赚。除了这点小让利以外，如果所有的客户，都用手机扫码登记，成为餐厅的精准会员，那么餐厅还可以额外再给客户加上一个菜。这样一来，餐厅不但招揽了更多的生意，还裂变出了更多的精准客户。只要餐厅推出新菜品，搞新活动，只需要在手机上动动手指头，鼓励更多的消费者分享一下，专属于自己的私域裂变鱼塘就算大功告成了。

一个无形的价格战术，就可以快速地裂变出这么多精准客户，创造出这么多的营销机遇。由此可见，把握客户"价格贪"的重要性到底有多大。这个世界上，聪明的人永远是给别人"实惠"的人。所谓的让利，实际是更大范围的盈利。如果可以有效地利用"免费"战略来经营自己的爆品，不但可以有效地占据更广阔的市场，最重要的是，它能够迅速地完成精准引流，将更大范围的裂变机遇牢牢地把握在自己手里。

爆品战略

构建堡垒，打造支撑爆品的强大体系

第二章

用精准流量布局爆品
风口、痛点、数据拷打，一个也不能少
从 0 到 10 个亿，掀起你的裂变族群效应
小心，别让爆品干掉了爆品

用精准流量布局爆品

很多人想做出行业中最好的爆品，却没有意识到在整个过程中，有一双无形之手，始终在操纵着一切，它关乎品牌的成败，也直接引领着变现的契机。这"幕后黑手"不是别人，就是当下商业平台里人人在意的精准流量。

一个全新的营销时代正在兴起，而其中最有价值的资本，可以用来源源不断地产生裂变的流量。

前段时间我在外地出差，入住当地的一家高端酒店，晚上回房间的时候，发现桌子上放着一封精美的信函，那是某品牌手表在当地举办开幕仪式的邀请函。创始人在信函上留下的热情洋溢的文字，着实鼓动人心，信上除了邀请我参加专卖店的开幕仪式，还邀请我参加一个以他们品牌为主题的午宴沙龙，为了表达自己的诚意，他还随信附送了一张酒店的晚餐券。为了吸引我去参加这场开幕式，这位老板至少要花费1000元，而这1000元就是他预先支付在每一个精准流量上的流量成本。

其实，流量在一切生意上的本质就是人气。人气，从根本意义上讲，就是一个能量的起始。用户是1，流量是N。对于爆品而言，用户多，并不代表着流量大。从品牌塑造与营销推广的运营实践来看，从本质上来说，一个流量是指品牌上与一个用户的一次互动，也就是仅仅完成了一次信息交互。一次交互，可能直接目的是成交，也可能会在后续的每一次成功的互动中，提升更进一步的亲密关系。说得再通俗点儿，每一次互动都是一次"种草"，为后续"拔草"提升了概率。谁创造了用户与商家的一次互动，无论是在线上或在线下，谁就可以说是流量的制造者。

所以我们说，一切生意的本质都是流量。不管是传统生意，还是互联网生意，流量决定所有生意的一切，决定整个商业模式的本质，同时也决定了生意的冷暖和生死。如果把传统的流量运营方式称作"光明森林"，那么可以说，如今的我们，正身处于一个到处都是"黑暗森林"的时代之中，而这种黑暗之所以称为黑暗，主要取决于当下互联网运营流量的主流方式。

"黑暗森林"取自科幻小说《三体》里面的一个极度黑暗的生死法则：总有一方被消灭！整个宇宙就是一片黑森林，每个文明都是带枪的猎人潜行于林间，轻轻拨开挡路的树枝，竭力不让脚步发出一点儿声音，就连呼吸都必须是小心翼翼的。所有人必须小心翼翼地在世界上生存，因为林中到处都是潜行的猎人。如果他发现了其他生命的迹象，所能做的就只有一件事，那就是瞄好目标，以最快的速度射击，直到这种潜在的威胁不复存在，直到一切成为自己囊中的战利品。在这片森林中，别人的一切都是地狱，都是永恒的威胁，任何暴露自己存在的生命都会被很快消灭，暴露就意味着与死亡为伴，在一无所有中体验绝望、失落和消散。

在互联网世界的"流量黑森林"中，流量是冷酷无情的，它是一种黑洞般的存在，低流量的公司，就会被高流量的公司淘汰。技术的爆炸，更是给这片黑暗森林增加了不确定性。今天的灿烂鲜花，会因暴露了自己而凋零。对手始终都是不确定的，甚至是跨界而来的，而跨界的对手往往是最可怕的。在"流量黑暗森林"这种全新的游戏规则中，传统企业无疑会受较大冲击。越是实力雄厚、底蕴悠长的传统企业，在这样的环境中越是难以适应，说不定什么时候，就会因流量的枯竭败下阵来。

这两年中国互联网巨大的"流量黑森林"，让很多公司发生很大的变化，甚至这些年，一些新兴公司让地狱级玩家都低声叹息。当然地狱级的挑战，也意味着地狱级的机会，甚至千亿级的机会。那么什么是地狱级的玩法和挑战呢？我们可以大致将其分割为以下三个板块。

地狱级挑战1：社交裂变

前段时间我看了一篇文章，叫《拼多多为什么跌破了发行价》，想到了如今从身价上衡量，黄峥在电商平台的收益仍然是超过刘强东的，而就电商平台来说，京东、淘宝等这些电商平台企业的运营能力也不容小视，怎么偏偏就是拼多多独占鳌头呢？其实地狱挑战的核心竞争力，就是社交裂变。这一点，只要你打开拼多多的购物页面就可以看得清清楚楚，"限时秒杀""品牌清仓""9块9特卖""天天领现金""砍价免费""现金签到"，每天各大活动做得如火如荼，这些在有些大佬面前微不足道的活动，却为拼多多赢得了巨额的客户心智资源。

地狱级挑战2：地狱级的单点突破

互联网的本质是单点突破，逐渐放大。但是现在的单点突破，又再次出现了升级版，我们称之为地狱级单点突破。

DaDa品牌创始人是位妈妈，她的孩子会是第一位受众。DaDa上线的产品，从一开始就是以"解决痛点"为服务标准的。

例如，父母接送孩子很辛苦，就做一个线上教育平台，线上教学质量难以衡量，就独家引进一套最优的国际小学原版教材。再后来，为了提升授课效率，DaDa还针对不同年龄阶段的孩子把教材分为了21级，并依照不同级别进行专属性的一对一授课。

经过不断地精进调整和努力，如今的DaDa已经在自己的"服务"产业上形成了自己的规模。除了进行品牌升级宣布更名以外，还推出自己的低幼爆品"DaDababy"，面向0~6岁儿童及其家长提供在线启蒙英语的教育服务。更值得一提的是，DaDa还推出了基于AI技术的沉浸式大屏化互动直播课平台DaDaTV。

毫无疑问，这些服务，都直接戳中了教育行业的痛点，而地狱级的单点突破核心就在于，先将拳头产品打造成爆品，再将爆品变得简单易行，不管在什么地方，都能赢得粉丝的青睐和认同。越能够打破界限，越意味着，那将是一个相当成功的爆品。

地狱级挑战3：五环外的需求

关于"五环外的需求"，我们对此曾经有很大的误解，认为它只代表便宜。真正的爆品，是要打通五环内外的。"五环外的需求"，不仅仅是便宜那么简单。例如，一款好的电动车，之所以能够成为行业第一，其核心并不局限于价格战，更重要的是它在消费者眼中的"性价比"。

比如说小米的渠道下沉。小米的线下店评价是很高的，北京一个单店，一年能做到1亿元的销量，而且小米线下店还是一个爆品的集合点，不仅有手机，还有产业链等其他产品，甚至还包含了家具产品。

渠道的下沉，拼的是性价比，而不只有价格，当然"五环外的需求"，是一个很大的课题，因为过去我们一直关注"五环内的需求"和一线二线核心城市的需求。就现在看来，"五环外的需求"升级能力还是很强大的。对于一个想要成就爆品的商家而言，洞察这一切就显得相当有必要。

过去的企业，主要专注点在五环以内，一切的研发、调研和洞察，都是紧紧围绕着五环内用户的需求展开的。对于当下的行业平台而言，因为有了互联网的支持，大家纷纷将更宽广的视野看向五环以外的世界。不用管地狱挑战的三大模式究竟是什么，其核心理念就是快速地达成用户的裂变，而不管是地狱级的单点突破，还是五环外的核心需求，所有的努力，只为了能有更好的引流爆品问世。从免费用户，发展为付费用户，这本身就是一个极富跨越性的升级，如果此时爆品的功课没有做充分，想要快速完成裂变，想必也没有那么容易了。

风口、痛点、数据拷打，一个也不能少

一件商品，要想卖出去，在我看来，首先它需要一个契机。如果这个契机不到，别人也很难有机会触碰到它，以及它背后的核心文化。对于一个企业来说，爆品从来都是一个媒介，它不但刺激着消费，同时也在渲染着自己的理念，它需要与消费者产生一拍即合的共鸣，同时通过这样的渠道拓宽自己的流量变现。从这个角度来说，爆品的"爆"最核心的目的，就是风口。唯有站在风口，别人才会看到它，唯有这种感知刺激足够强烈，才会因此构成消费者最大限度地认知吸引力。这项作业起先并不是那么容易完成的，它需要理性地推算，精准地定位，也需要在心理上构建一套属于自己的消费逻辑，既与别人不同，又能展现自己的爆品文化属性。同时，还能最大限度地提升消费者的信赖，让他们觉得舒服，产生一种全新的生活理念，并

因此越发地想要接受这款产品，因为它已经从某种程度上触动了对方的心。

中国有句老话叫作："痛定思痛！"一个人在哪方面痛，才会迫切地想要拥有让自己在这方面不再痛的方法、产品和渠道。如果这个痛，并不是迫在眉睫地要解决的刚需，恐怕它会很快被淡忘。毕竟对于不痛不痒的事情，谁也不会耗费自己太多的时间成本。但是倘若这款产品，直接戳中了自己的要害，甚至只要拥有它就可以解决生命中最为棘手的问题，而且效果显著，那么很显然，大多数消费者肯定会买账。原因很简单，能用钱解决的问题，从来都不是问题，只要能让自己的痛舒缓下来，甚至最终有效治愈，那么不论是谁，对于掏钱这件事想必都不会拒绝的。

由此看来，消费这件事，本来就不是对应于物性的，它直指人心，面对的是人存续在内心的本能和本性。爆品所对应的核心心理就是从"众生皆苦"这一点，它是一个人需求中核心价值的体现，谁兑现了它，谁就知道了运营商业中的核心秘密。就心理而言，兑现需求的方式是一种扩大需求感的手段，你可以强化消费者的恐惧，催化他们的迫切，制造他们的紧张和焦虑，渲染他们对幸福感觉的渴望，提高他们获得痛点解脱的成本，而此时的产品，就这样被安插到了一个"救世主"的位置。它可以是一种体验，也可以是一种逻辑框架，以至于最终，消费者就会迫切地想要通过购买的方式解决自己的问题。总而言之，消费者想要用尝试的方式，去试探着解决问题，而这种试探将有可能变为坚定，一旦变为坚定，流量池就日趋稳定下来。当这种稳定的流量逐渐裂变出新的流量，全新的模式和体系将会在无形中主导消费者的顺应。这意味着会有更多的人，在你创造的"玩法"中运营自己的生活，而这种生活本身，就是你为他们量身打造的。

当然我们说，所有的痛点都是需要精准计算的。不同的人有不同的心情，不同的人看待问题有不同的角度，他们为什么会为此付费，这里面存在一个数据的概率问题。大千世界，每个人的生活都不一样，但是从大的角度来说，迫在眉睫要解决的问题就那几件，而人先天就具有惰性，如果能够多快好省地满足自己的欲望，同时又可以不费吹灰之力，即便是花一些钱，一般也不会觉得有什么不好。这就衍生出了一个公式：欲望+概率+计算+满足=产品价值。因为将欲望合理地推演成为数据，我们就可以看到，有这些欲望的人，一般处于什么年龄阶段？分布在哪些地方？为什么会有这样的欲念？其消费水平是什么样的？他们的消费频率怎么样？在什么场景下，更容易达成交易？经过一步步的推演，就会渐进性地在自己的思维中形成架构，知道自己的爆品应该如何满足这些需求，如何才能将产品优化成客户满意的样子，它满足的是怎样的刚需，应该怎样被推出，并立竿见影地看到效果。同时，它又应该在什么地方与主流消费者不期而遇。刚刚好的时间，刚刚好的地点，刚刚好的感觉，看似一切都是自然而然，其实背后经历的是各种精准的验算和数据计算。为了精准，所以数据衍生成为物性，又因为精准，所以物性开始引领情绪。所有模式的渐进，都在引领着时代的潮流，让更多人接受自己，而接受一款产品的原因，很可能并不是接受产品本身，而是从某种角度上接受了它所带来的理念和一种全新的生活方式。

讲完数据，就不得不说到定位。大数据的核心功能就是为了能够让我们精准地找到自己的定位。一个产品，它究竟能够衍生出多少价值，什么样的价值，产生什么样的经济效益，其核心内容，很可能就藏在每一个消费者的心理账户里。

有的人手里有钱，但面对消费这件事，三观不同，也未必真的青睐你的产品，但这或许并不影响小众群体对产品文化的坚守和信赖。有句话说得好：道不同不相为谋，得先找到自己的同道中人。其核心就在于，他们内心的那份价值，是否能与自己的产品理念真实并线。并线的首要因素，就在于他们内心对于物性和物性衍生出来的附属价值的认同。直接可以促成更高消费的核心，就在于如果此时消费者的感觉是迫切的，有痛点的，他们的心理账户上，就会留下为痛点消费的痕迹。但如果此时，你的产品并不能与对方的心理账户连接，即便是将一切优化得再完美，设计和文化上做到了无可挑剔，落到这样一个对此没有需求的人身上，也照样达不到效果。由此看来，营销这件事是与经营人心紧密连接在一起的，这也意味着你的产品价值并不是真正意义上的价值，而消费者心理账户中定位的价值，才算是产品某种意义上的真正价值。

就此，产品的竞争不再是价格的角逐，从某种角度来说，它或许在这一领域并不存在太多的博弈。只要产品找到了精准的受众群体，它很可能面对的不再是竞争激烈的红海。那些所谓的成本比拼和模仿消失以后，一个没有竞争的蓝海就会渐渐浮出水面，因为接受了其中的模式和文化，而这种模式和文化，又产生了心驰神往的舒适感。这种舒适感是消费者当下难以拒绝的，大家会不自主地顺应统一的管理和体系，开始将产品的事当成自己的事。消费者除了消费以外，开始

第二章 | 爆品战略　构建堡垒，打造支撑爆品的强大体系

进一步加入产品的设计和构建中，他们成为品牌的参与者，也从某种程度上提升了他们对待爆品建设的积极性，他们开始自主地融入流量生态圈，并将自己的利益和价值观融入其中，成为整个生态链中不可缺少的一员，既可以产生消费，也是消费的核心建造者。

有一位诺基亚的高管，曾经在杂志上与大家分享了这样一个故事，当iPhone1刚刚上市的时候，他们的情报人员就购买了一批带回总部。那位高管也有幸拿了一台回家研究，而那台手机很快赢得了他4岁女儿的芳心。为了测试手机的易用性，他把手机递给了女儿，没多长时间，女儿就轻松上手了。临睡前，女儿说："能把这部神奇的手机放在我枕头下面睡吗？"从那一刻起，他就明白了这次诺基亚遇到了大麻烦，他们抓不住用户的痛点了。

在我国，曾经有一个手机发烧友经常向诺基亚吐槽，而且还吐槽给了诺基亚的一位全球副总裁，而对方的回复是："你说的很对，但你改变不了。"这位发烧友不是别人，就是现在的小米的创始人雷军。也许是受到诺基亚的刺激，雷军说自己创造小米的初衷，就是要做一款能够让所有用户都能参与的手机。他完成伟大梦想的第一步，就是先找到100位用户成为自己的铁杆粉丝。这些粉丝拥有手机创意的深度参与权，而所有的努力和设计，只为让他们用得开心，玩得快意。

让用户参与显然是突破了传统企业的营销格局，而将眼光放在了

更简洁、更实用、更富有创造力的痛点需求上。互联网思维的核心是用户思维，一切都是要围着用户的需求来的，而用户思维的极致就是爆品战略，就是引发爆品。

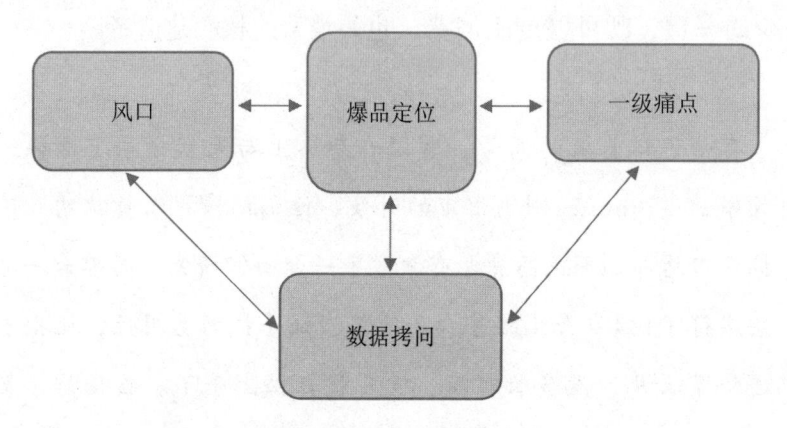

```
         ┌────────┐      ┌────────┐      ┌────────┐
         │  风口  │◄────►│爆品定位│◄────►│一级痛点│
         └────────┘      └────────┘      └────────┘
              ▲              ▲              ▲
              │              ▼              │
              │          ┌────────┐         │
              └─────────►│数据拷问│◄────────┘
                         └────────┘
```

图2-1 找到痛点的三个工具

那么究竟怎样才能精准地找到痛点呢？方法很简单，有三个工具（见图2-1）：找风口、找一级痛点、开展数据拷问。"风口"是国民性痛点，就是大多数国民的主要需求所在。"一级痛点"就是用户最主要的需求点，也是用户产生购买行为的核心驱动力。"数据拷问"就是查询数据源头，对客户需求和行为、需求的所在区域进行系统的盘查和分析，并以此为根据，按照不同的维度进行深度挖掘。下面就让我们根据这三个爆品研发工具，深入地进行分析和探讨。

第一，找风口

找痛点的第一要素，就是找风口，用雷军的话说："站在风口，猪也能飞起来。"那么风口究竟该怎么找呢？在过去，很多人找风口的方法，就是看新闻、看政策、看国外大公司研发出的新产品、看竞争对手最近的新动作。不可否认这些内容在现在依然有用，但绝不是有了这些就有了保险箱。从某种角度来说，即便掌握了这些策略，也依然会有东西考验创始人的运气。与其如此，不如现在转变模式，用痛点思维来审视问题，站在用户的角度去思考。风口就是国民性痛点，就是大多数国民迫切想要解决的需求。在互联网时代，如果你能找到国民痛点，你就绝对有把握打造出一款被广大消费群体快速认同的爆品。

第二，找一级痛点

找到风口以后，就能打造爆品吗？当然是不一定的。事实上，很多快速找到风口的公司，在制作爆品的过程中是需要承担很大的风险的。例如，O2O是一个风口，但是O2O公司的死亡率超级高。最关键的原因就是缺乏用户的黏性，粉丝流量的留存率太低，这意味着大量的用户被互联网"黑暗森林"吞噬。所以，找痛点的关键行动法则就是找"一级痛点"。

用户的痛点，就像是一个金字塔，被分为一、二、三、四不同的等级，而一级痛点就是用户共鸣最大、感觉最痛的需求点，也是用户产生购买行为中最重要的一点。

第三，数据拷问

说到数据，对于一般人来说，那不过是一连串的数字，但对于企业商家而言，精准的数据拷问，却是成就爆品的重要财富。比如你想开一家连锁咖啡馆，推出自己的爆品咖啡，那么首先我们就需要用数据去考量当下消费者对咖啡口味、审美、创意的痛点需求。其次,这样的需求都聚焦在哪些城市?在城市中的哪些区域?他们的消费习惯是什么样的?认同怎样的服务理念?他们对咖啡馆的装修要求是怎样的?不同区域范围内的精准客户是否都认同这样的装修?这些客户的分享指数如何,是否能够规模性地形成客户裂变?这些客户崇尚的咖啡馆文化是什么?自己又能否在了解掌握资源的同时,创造出一套所有人都热衷参与的方法?这一系列的拷问,都是从数据分析中赢得的,它囊括了关键用户数据,经过横比纵比、细分溯源等多维度拷问和探求。当一切数据拷问落地,将每一个细节落实精准以后,咖啡馆的装修、爆品的研发、一级后续营销裂变的方法,才能伴随着睿智的选择和理性的优化,一步步地浮出水面。

由此看来,爆品引流绝不是一蹴而就的事情。它需要精心地探究和规划,需要我们锁定痛点和需求,并将这一切变为自己与消费者连接的重要契机。只有如此,爆品引流才是有效率的,才是富有实际价值的。它不但可以有助于产品快速地成为爆品,还可以在引流的过程中不断地促成消费裂变。因为对准了需求,因为满足了痛点,所以后续衍生出的一切方法和活动,都会铿锵有力,在人们的心智深处发挥掷地有声的作用。

从0到10个亿，掀起你的裂变族群效应

如果你的老本行是营销，那么身处互联网产业时代，或许以下话术是你再熟悉不过了的：

——"最主要的是粉丝增长，没有裂变就没有增长！"

——"如今这个时代，你不搞粉丝经济都不好意思出来见人！"

——"0成本获得1000万用户！"

——"最忽悠人的就是定位理论，因为要你花大钱。"

——"市场部就是花钱买流量？能不能多想想用增长思维！"

在这个增长黑客理论被奉为经典的时代，每个人都有属于自己的增长焦虑。尤其是在艰难的2019年，互联网的群体焦虑到达了巅峰。低成本增长、下沉、裂变、社群，如果这个时候你还没有做这些，那么很可能你会与无数的机会失之交臂。

对于从来没有接触过裂变操作的人来说，0基础0粉丝，要想在最短的时间内完成从0到10个亿的快速增长，在很多人看来和天方夜谭一样，但这样的梦想究竟能不能实现，答案却是肯定的。不管什么产品，什么业务，只要找到适合自己的平台，锁定其中一部分精准客户，再将粉丝能量有效地整合利用，实现裂变式高效增长真的不是一件多么困难的事。

讲一下我个人的亲身经历。一天，我媳妇在一家照相馆照了

一套古装照片，约定是免费得30张，但摄影师拍了100多张，她看着每一张照片都舍不得放弃。

此时她问还有没有其他的解决办法？对方说："有，您可以把照片发到朋友圈，累积300个赞，同时这些人都扫码关注我们的公众号，所有的照片都可以免费送给您。"为了这300个赞，她彰显出了惊人的能力，她将照片发给了所有的家人和闺蜜，最终认识的、不认识的，统统被她拉来点赞，就这样一个家庭主妇，就为这家照相馆带来了300个精准粉丝。

更令我瞠目的是，事隔一个星期，我媳妇几乎所有的闺蜜，都到这家照相馆免费拍了100张古装照片，而她们运用的方法与我媳妇如出一辙，同样是拉足300个赞。我算了一下，眼下我只看到媳妇这一个矩阵流量，而照相馆每天要接待那么多的人，倘若每天有四五个我媳妇这样的流量矩阵，那么一个月下来，这家照相馆所赢得的精准客户流量也是不可小视的！更何况流量是以300个300个的系数翻倍增长的，只要这300个里面有那么几十个促成了进一步的裂变，那这家照相馆的年终业绩也是相当可观的。

说完了自己经历的小案例，下面让我们来看看"樊登读书会"这个以读书为专业运营的企业。樊登从创业之初，就是依靠社群裂变一步步走向辉煌的。

樊登在回顾创业初衷的时候，说有两件事触动了他，让他萌生了做读书会的想法。

第一件事是，他听说有一个北京的房地产商特别有钱，为了读书雇了两个大学老师，每个月给每个人支付3万元的工资，让他们读一本书，每天他在奥森跑步的时候让老师跟在他后面讲。

第二件事是，他的亲身经历，因为读书多、喜欢读书，所以身边有很多朋友和听过他讲课的学生，经常找他开书单，请他推荐一些书来读。但后来他发现，这些人找他推荐的时候很真诚，但列完书单之后，多数人却没有时间读。

在别人看来，这两件事也没有什么稀奇的，因为在每个身边都有太多这样的人了，以至于多数人都对此熟视无睹。

樊登却从中发现了巨大的商机：既然这么多人想读书，却没有时间或者毅力坚持读书，我干脆做一个解读者或者领读人好了，带着大家一起读书。

2013年，樊登尝试建了一个微信群，在群里给听众讲书，愿意听的人付费进群，第一天进来500人，第二天就变成两个群。就这样，樊登读书会有了最初的"一千名铁杆粉丝"，而这些粉丝基本都是听过他线下课的学生，最早的一批代理商也是从这里面孵化出来的。

樊登对内容付费经济有着清晰的洞察，他曾说过，"从一开始，我们就觉得内容收费不是靠用户自觉的，应该靠朋友推荐或者他人推荐。"打造代理体系的目的就是跟核心用户深度捆绑在一起，更好地驱动他们加速品牌和社群的裂变推广。

他们就像樊登读书会播撒下的一粒粒种子，在全国各地甚至是海外生根、发芽、开花、结果。与传统经销体系不同的是，他们与樊登读书会之间不仅仅是一种代理和商业合作的关系，还有一种狂热的情感在里面。他们崇拜樊登的学识，认同樊登读书会的价值观，并且每个人都从中获益过，愿意将自己的感受和体验分享给他人。

在我的深度粉销理论里，有一个黄金法则，第一条就是"圈层化"，即先找出核心目标用户群体。我们不可能让所有的用户都成为自己的粉丝，但一定要找到产品的核心用户，然后做深做透，超出他们的预期，打动他们，让他们产生分享的强烈欲望和冲动，这就是口碑产生的过程。口碑则是引爆大众流行的导火索。

小心，别让爆品干掉了爆品

曾经有个朋友和我说："想要引流就要做爆品，有了爆品就有了红利，到时候裂变引流，后续的发展机遇才能拓宽。"我听了以后，点点头说："你说的有道理，但一切红利期都是暂时的。如果你在这个过程中不能准确地为自己做点什么，将意味着任由别人在模仿中超越，到时候你苦心经营的爆品，就会被别人的爆品所取代。尽管在整个设计上，对方的爆品不过是在你基础上的改良，但这丝毫也改变不了你的爆品被别人取代的事实。"

举个例子来说，当时的人人网曾经是电脑时代的一款爆品，也是当时所有有学生情结者必上的一款社区网站，也被称为中国版的facebook。但随着微博、微信两个新的爆品崛起，用户就开始从人人网上大规模地撤离，最终基本全部蜕变成了微博红人、自媒体红人。那么究竟微信是怎样做的呢？其核心就在于，微信抓住了熟人关系的一级痛点，那就是彼此通信的需求。反观人人网的运营，其法宝只有："分享""状态""求交往"。做熟人关系的通信需求，却相当薄弱，这也就是为什么它最终会被微信取代的主要原因。从功用上看，其实微信本身就是在人人网基础上的改良，它在拥有人人网基本功能的同时，优化了自己的优势和资源，形成一个新的工具和概念，而当它的概念领域逐步拓宽的时候，人人网便因概念陈旧，无法满足广大群体的痛点需求而退出了历史舞台。在爆品的竞争浪潮中，所有有形无形的战争都是残酷的。

这样的例子屡见不鲜，而且更让人大跌眼镜的是，很多研发爆品的企业不是被本行业的竞争对手干掉的，而是被跨界而来的其他行业的对手淘汰的。这里就不得不提到一个经典的爆品颠覆案例，任天堂Wii的颠覆。

很多人会好奇，为什么Wii这么伟大的爆品也会被颠覆呢？其核心原因只有一个，那就是现在的交互界面，与这款爆品适应的时代之间发生了质的改变。

2002年夏天,岩田聪接任任天堂社长的时候,这家百年老店已经身处风雨飘摇之中。2006年11月19日,任天堂发售了游戏家用主机Wii,加入了WiiRemote控制器后,使得Wii创造了一种全新的游戏方式——体感游戏。因为能够满足玩家的游戏需求,又能达到健身的目的,全家人都可以参与其中,所以受到了广大消费者的青睐和好评。截至2004年10月,主机Wii的全球销量就达到了1.09亿台。

可到了2011年,任天堂的爆品却出现了剧烈的转折,导致经营业绩直线下滑,销售额同比暴跌了36%。年终财报显示,这一年下来,公司亏损了373亿日元。也就是从那一年起,公司每年的亏损数额,都是一笔意料之外的巨款。问题究竟出在哪里?原因很简单,一款新爆品问世,而它所能给予消费者的快感,已经完全取代了wii,而且更令人瞠目的是,这款爆品并不是wii在行业内的竞争对手,而是更能满足玩家游戏需求的一款智能手机。

智能手机为什么能够对传统游戏机产生这么大的冲击,原因就在于它对玩家与游戏之间的连接概念上,完成了质的改变。这个质变,就是多点触控,让用户的手指变成轻便的鼠标。真正推动这场质变的人不是别人,而是用户本身,是他们的痛点需求,促使游戏时代完成蜕变,并向着一个出乎游戏机厂家意料之外的方向发展。于是新的爆品淘汰了旧的爆品,而新领域的客户裂变也必将推动全新的爆品模式产生。当过去的爆品沦为废品,原有的消费群体将会被引流到他们更认同的新爆品流量池中,而当新爆品的红利期过去,它也终将被更新的爆品概念所取代。

那么究竟怎样做才能更有效地维系爆品的生命力呢？首先最重要的一点，我们要搞清楚爆品的真实价值是什么，研发爆品的核心目的是什么。真正的爆品，未必一定是好卖的产品，但它一定是能够带来大量引流消费的产品。也就是说，虽然我们不能恒久地延续它的生命力，却可以在推出爆品的红利阶段，最大限度地完成品牌引流的任务，创造属于自己的私域流量池塘，打造属于自己的流量生态裂变环境。这意味着我们不需要总在公域的海洋中寻猎，而要转向产业内部，优化自己的粉丝服务，完善私有领域的粉丝经济。我们可以利用流量打造自己的运营体系，建立自己的经济架构，开展属于自己的裂变方法，将新客户变为老客户，将老客户变成铁杆粉丝，将铁杆粉丝发展为代理商，再将代理商发展为股权合作伙伴。这样层层递进升级，即便是昔日的爆品风光不再，手头的资源，也足够推动优化新型爆品的开拓和研发。

小米在刚刚开始的时候，就是先发展了自己的100个铁杆粉丝。然后针对这100个铁杆粉丝，设计特权机制，激活他们。

小米MIUI早期，靠的就是这100个铁杆粉丝。当时也是在各种论坛，寻找资深用户，最后好不容易找了1000个人，然后再从中寻觅到100个堪称知己的超级用户。他们不但可以参与MIUI的设计、研发，同时还可以随时反馈自己的使用意见。这100个人也是MIUI操作系统的"点火者"，他们被小米内部称为"100个梦想赞助商"。

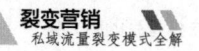

这是一种强悍的滚雪球效应，100个超级用户，最后越滚越大，源源不断地引爆用户参与体验，带来新流量，而小米也为此花费了大量的心血。最终一个强大的MIUI诞生，刷新了国产智能手机销量的纪录。

爆品的核心在于流量的裂变，而流量的产生，本质上是从用户的需求整合开始的。谁满足了需求，谁迎合了消费一级痛点，谁拥有了引流砝码，谁就能够在推出爆品的同时，坐拥红利，赢得利益最大化。

模式
裂变篇

怎么卖
——从0到10做基础，我的玩法我做主！

> 初级裂变玩的是客户，中级裂变招的是代理，高级裂变加的是股东，超级裂变增的是公司……
>
> 未来世界的经济利益，在裂变营销中不断升级，中小微企业将在低成本中赢得更多的机遇，因为有了这一爆发利器，不是走在未来，就是走在未来生意的路上。从0到10的模式晋级，让你看清格局，打造自主平台，玩出你的王者思维。

裂变营销：私域流量裂变模式全解

裂变模式1.0
用户裂变——点成面，面成片，"病毒"式扩散来个遍！

第三章

客户裂变——激活用户的有效途径
战术主导——朋友圈消费里的心理学战术
快速增粉——精准引流下的聚粉浪潮

客户裂变——激活用户的有效途径

眼下微商火爆，很多商家采取了各种各样的裂变分销模式，这意味着我们将手头的所有客户资源裂变的可能。每一个消费者在完成第一次成交之后，他与我们的关系才刚刚开始。

以前的消费者就是消费者，但现在他们却可以是经销商，是合伙人，是公司股份持有者。他们对待产品的态度，也从单一的购买转变为分享和创业，这种与之前截然不同的改变，可以说是瞬间颠覆了生意的传统概念。消费者不但可以自己完成消费，还可以带动其他人进一步裂变消费。从数据来看，每个人的朋友圈里平均有250个有信任连接的朋友，而此时的消费者完全可以在完成自我消费的同时，成为产品的推广者和深度分享后的受益者，这样一来，不但自己可以享受产品的优惠，还可以赢得一笔丰厚的利润，而这样的简单分享和自我经营转化，也在不同程度上为企业赢得了更广泛的客户资源。

以前的商业模式是工厂通过经销商销售，一层一层地向下销售，每一层都需要利润,这也导致了利润较少,而现在情况变得很不一样了,信息流通得更快,渠道销售也变得更加多样,更加轻松了。每一个消费者都可以销售公司的产品,分享公司的产品,并从中获得丰厚的利润回报。现在很多大品牌也在尝试着采用分销模式完成销售业绩,毫无疑问,其所收获的效益还是相当可观的(详见图3-1)。

在分销模式中有一些关键内容值得多加关注。例如,返现的钱应该以什么样的形式返还?钱什么时候到账,具体时间是什么样的?能不能及时查看返现余额?要不要提供相关的个人资料?你所分配的利益是否能够获得客户的认同?这些内容都需要企业在制定电商裂变分销模式的时候,提前将一切细节内容考虑进去。这样才能在满足消费者需求的同时,最大限度地扩充用户资源,完成进一步的客户裂变。

那么究竟什么才是客户有效裂变的直接途径呢?从根本上讲,起盘措施无外乎当下的两种类型:一种是稳扎稳打型,另一种是快速爆破型。至于选择哪种,要根据自己的实际情况而定,这也意味着要在不同的时间、空间打造与自己最切合的战略和方法。

例如,2015年夫子刚刚切入微商的时候,十万元起步,手中的资本屈指可数,手中没银子,眼前无团队,这或许是每一个创业者在创业之始所面对的难题,而这时候夫子脑海中想到的关键是,首先要培养出自己的第一批优质粉丝,他们可以是自己的战略伙伴,也可以是自己的企业成员。总而言之,他们是愿意跟自己一起干的人。那么人海茫茫这些人到哪里去找呢?有能力的人很多,但心不甘情不愿地一起干也是枉然。作为一个领导者,

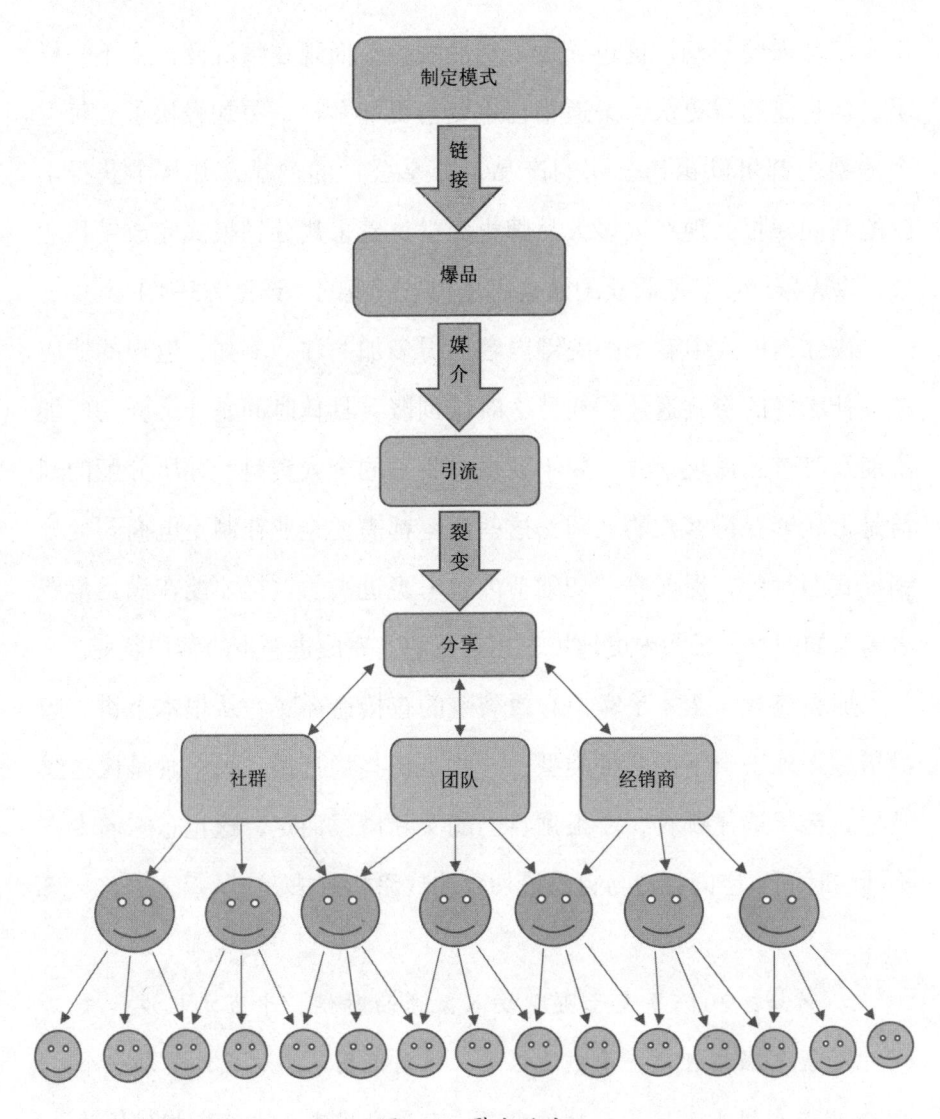

图3-1 裂变效应

最核心的能力，就是输出自己的价值。当这种价值的输出被他人接受，通过裂变不断地向外传输，你就会形成属于自己的能量光圈，让人想要接近你，愿意拿出更多的时间关注你。其原因也很简单，你的价值输出能够让他们获益。

于是为了完成自己的价值输出，夫子在一无所有的情况下，做了一个夫子商学院，每周六、周日晚上8点开始，在网上直播上线，整整坚持了一年的时间。他邀请了很多行业大咖在他的频道传道授课，塑造了属于自己的行业事件和行业文化，很快他拥有了几万粉丝。这也是他的第一笔战绩，于是他开始利用这些"媒体"散布自己的理念和消息，告诉粉丝他的创业理念和想法。慢慢地，他的理念开始被更多人接受，身边跟随的粉丝也因此更多了起来。

有了粉丝就要让他们踊跃地参与自己的建设，让他们成为自己的朋友、员工、客户，让他们始终与自己站在同一条战线上。不论采取什么样的运营模式，所有的模式都必须是为这样的一种参与感服务的，它需要展现项目最佳的发展历程，完善每一个运营环节。完善的过程从某种角度来说，就是进一步培养信任的过程。也就是说，起初想要赢得粉丝，是需要花费很大成本的。这些意味着将要投入很大的精力，去培养他们，用价值塑造他们，直到他们被培养成为自己的铁杆粉，才能更进一步地将自己塘里的鱼养起来，建立属于自己的流量池，打造属于自己的生态圈和生态链。

其实就当下而言，每个人的价值不仅是一个流量，从某种程度来说，还是一个自成体系的媒体。大多数人都有微信，大多数人都有抖音，大多数人随时都可以开启直播，大多数人都可以将自己的信息公开发布在网上。大多数人都有自己的微博、朋友圈、视频空间，只要自己想运作，这些不同渠道的媒体内容就会作用于他们，也作用于企业自身的品牌营销裂变效应。总而言之，不管你运作得好与不好，媒体就在那里，只不过是做与不做的问题。不管你在与不在，窗口就在那里，不过是看与不看的问题。不管你行与不行，流量就在那里，不过是质量与质量的关系。每个企业都在选择属于自己的优质能源和流量，而与此同时流量的载体也在不同程度上选择自己心仪的对象。这种互动是微妙的，但同时也是最考察运营模式和智慧的。

如果你发现十几位行业先驱自媒体人，都在刷一个事件，这个事件的影响力一定是震撼的，这会给你一种很直观的感觉，就是品牌的风口期到来了。要让别人意识到你的存在，接下来的任务就是吸引足够多的团队，选出每个团队的队长，打造属于自己的微商帝国。不可否认一个品牌的快速崛起，必然会伴随着另一个品牌的衰落，而优质的团队和队长，在微商帝国崛起的过程中起着至关重要的作用。那么如何运营自己的团队，又如何管理好自己的团队队长呢。只有你能够做足够多吸引对方的内容和动作，让他看到自己的风口、理想和希望，他才会紧跟其后。让自己的理想成为别人的理想本身就是需要成本的，对于市场而言，这个运营模式本身就是一个新营销关联体系。当你招募了足够多的联合发起人时，就算是顺利地走出了自己营销裂变的第一步。接下来，还有很多关键的爆破步骤，需要你建设好每一个层级的内容，在内容与内容之间完善好无缝的链接黏合体系，它是层层递进的，每个层级之间的运营模式也各有差异。尽管差异不同，就使命而言是协调统一的。

第三章 | 裂变模式 1.0 用户裂变——点成面，面成片，"病毒"式扩散来个遍！

举个例子来说，你的层级是这样的：从上到下，联合发起人有16万个，省代理有3万个，市代理需要花费成本3000元，特约代理则只需要500元，不同的级别，不同的待遇，当你招募完联合发起人以后，你所要做的，就是隔着一层开打，不招募太多的省代理，而是专攻于市代理。这么做的原因很简单，招募门槛低，其所给自己带来的收益和价值也是最高的。就运营模式来说，运营一个市代理，远远要比运营一个省代理容易得多。比如说本来的门槛是3000元，现在只要760元，同时释放一个政策，你随时可以平推3个市代理以后被晋升为省代理。你可以想象，如果100个联合发起人，招募了500名市代理，每个市代理又能平级推荐三个市代理，那么由此推算，你的团队市代理的人数就非同一般了。本来就几个人，就这样裂变出了1500人，关键是你的省代理也就有了最合适的人选，无论是从能力，还是从忠诚度上都不存在任何问题。至此，从人头数量来说，你的层级间有了相当可靠的保证，这个初始阶段就算全部大功告成了。接下来，要做的就是进入常规的运营期，扎扎实实地做好自己的运营模式。

下面就让我们一起来完善一下后续的流程，比如制作一个完美的招商文案，快速爆破行业的流量，低门槛红利，限额限时，快速填充每一个层级。这样一来，层级间就会彼此更加充实，连接更加紧密，彼此更加忠诚和默契了。

简单的一个微信裂变分销机制，就抓住了核心股东和精准客户，本来不可能的事情，就这样轻而易举地办成了。在整个分销过程中，除了压低了成本，进行资源置换，最主要的是，通过微信粉丝裂变模式，以最快的速度完成了现金机制的回流。如此迅猛的裂变速度，让所有的粉丝都快速地活跃起来，这就是老板在客户裂变模式上的智慧所在。很多事情看似办不成，只要转变一下模式和策略，你就会发现那些自己想要攀爬的高山，登顶其实也没有想象中的那么困难。

战术主导——朋友圈消费里的心理学战术

每当提到朋友圈客户裂变营销战术，很多朋友就开始盲目地照搬书上的理论。书上不是说要把身边的客户变成自己的合作伙伴，把合作伙伴发展成自己的经销商吗？那好，我现在就认真地对待我身边的每一个客户，只要有客户来，我就鼓励他加入自己的经销商团队，发给他一大堆资料，让他去背，这样才能对我们的产品进一步地了解。更有甚者，直接把所有客户拉一个大群，每天在群里一味地介绍自己的产品，推广自己的产品。从表面上看，他们每天的工作兢兢业业、勤勤恳恳，但事实上不论是他们还是客户，心理上都已经进入了疲劳期。本来有些客户觉得这款产品还挺好的，结果被他们这么做给吓跑了。问及原因，回答也很直接："我只是想买东西，你为什么要让我做那么多功课？"由此看来，朋友圈消费裂变也是需要讲点心理战术的。对于客户而言，他不会排斥成为你的经销商，但他绝对会排斥你让他做功课。如果这个时候，你把自己该干的活儿全部推给客户裂变出来的经销商，结果只有一个，所有的经销商之后会一点点地蜕变为僵尸粉。因为你让他做的事情太多，多得让他内心惶恐，在他看来，发朋友圈是件很自然轻松的事情，所要做的仅仅只是一个分享就可以。

这就是为什么同样是通过朋友圈做公众号引流，有人迅速涨粉，而有人却无人问津。里面的一个主要问题除了运营模式的原因外，更多的就是很多企业没有切实掌握客户裂变的必要法则。

我们常说一个人就是一个1，而这个1想产生流量，就要进行一次完整的互动交流。这个交流中也许是成交的，也许是不成交的，但不管怎么说，以产品为契机，我们与客户有了一次正面的沟通机会。从某种角度来说，这样的机会可以算是一次精准的社交。从相对概率而言，成交客户成为粉丝的概率总要比不成交的粉丝概率高一些。那么怎样做才能最大限度地拓宽粉丝裂变区域，最大限度地实现引流呢？

谁掌握了用户心理，谁就能最大限度地完成精准社交，拓宽引流区域，更进一步地推广自己的裂变升级模式。俗话说得好，大街上想让人停下来跟你聊几句，首先得让对方对你产生兴趣。产品也是一样的，我们必须在几秒之内，让对方对自己的产品眼前一亮，愿意停下几分钟或者更长时间了解我们，再花更长的时间来体验我们的服务，直到对我们表示全面的认同，成为我们的粉丝，粉丝又裂变成了粉丝经济，他才有可能带着赞许和用户的态度，成为我们忠实的产业合伙人。

那么什么是完成这一流程的客户裂变心理学概念呢？其主要分为5个部分（见图3-2）。

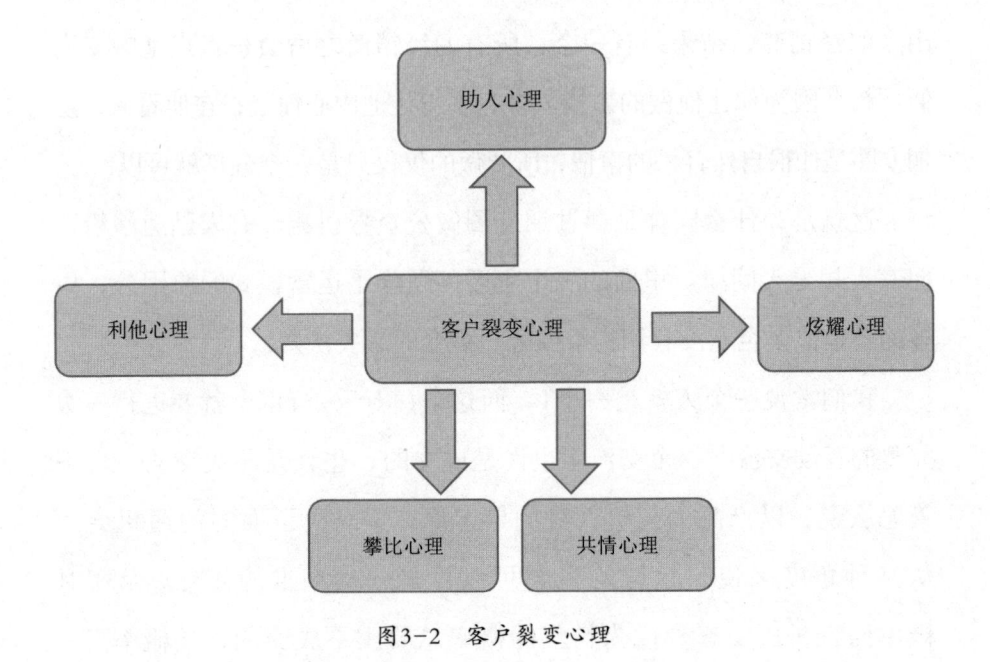

```
            助人心理
              ↑
利他心理 ← 客户裂变心理 → 炫耀心理
              ↓    ↓
           攀比心理  共情心理
```

图3-2 客户裂变心理

1. 助人心理

这个世界上想赚别人的钱不容易，但是想找一个寻求你帮助的人却不困难。与其盲目地一味求索，不如先想想怎样能够设身处地地帮助别人解决问题。也许别人从我们这里寻求的只是一次性购物，但或许同时，我们还可以有别的机会给到他们。比如此时的他们缺钱花、想创业、想做兼职、想有一份额外的收入，而此时的我们便可以以一种帮忙者的身份，走进他们的世界。你想赚钱我帮你，没有思路我帮你，想要创业我帮你，想做兼职我帮你，没有产品我帮你，没有渠道我帮你。当所有的我帮你在别人眼前一个个地闪现出来，那种惊喜感和喜悦感当然是不言而喻的，想不到一次购物，还能为自己赢得这么多机会和好处。这样的好事儿，无论谁都不会轻易错过。

2. 利他心理

很多朋友说做生意的人，百分之八十的心都是利己的。事实上，在新电商时代，如果你不能够拿出一定的收益馈赠给别人，那么拉着别人和自己一起玩的可能性几乎为零。同样是一款产品，我为什么一定要买你的？我为什么一定要选择你？如果没有利润所图，同样是选择，别人当然是会选择性价比更高、更优惠、更能得到利益的品牌和产品。但是，如果这个时候，你能够表现得大方一些，将红包活动、免费活动、让利活动、股权活动接连不断地开展起来，那想必所有人都会因为激励，而变得动力十足，充满活力。

3. 炫耀心理

有的商家会告诉消费者，购买此产品可以帮你赚钱，你还能成为我的合作伙伴，发展自己的事业，创办自己的公司。有的商家还会列举一些与他们合作的客户，在短时间内就赚到了第一桶金。这其实就是一种炫耀心理，通过这种炫耀吸引消费者注意，让他们产生想要加入的想法，从而找到代理商或合作伙伴。

4. 攀比心理

当看到别人赚了钱后，自己也想借此赚钱，这就是人的攀比心理。你过得好，我一定要过得比你更好。这个心理效应一旦被企业利用，就可以快速地产生粉丝裂变升级效应。例如，今天小张买了我的东西，却没花一分钱，不但没花一分钱还赚了2000多元。肯定有人问是为什么呢？于是小张说："没什么，就是多发了几条朋友圈，争取到了100个赞,还拉起了几百人的微信群,而且这个群正陆续不断地在为我创造收益。"肯定有人还会问:"为什么要拉群啊。"小张会说:"就是为了买东西免费啊!现在我已经成为这个产品的经销商了,每天群里谁买东西我都能提成。"一听这,很多人的攀比心就会被勾起,心想我的朋友圈比你编辑得好,我的朋友比你多,如果我也去购买这款产品,拉出一个你那样的百人大群,应该会比你赚钱吧!于是,看到人、看到钱、看到真相,更多的人就会因此受到鼓励,纷纷涌入后续的引流裂变浪潮之中了。

5. 共情心理

人们常说,买东西能戳中痛点,那才叫雪中送炭。客户裂变这件事,我们需要的就是这种共情心理:你的需求我知道,你的想法我知道,你的痛点我知道,你最想要什么我知道。我保证你加入我们以后稍稍做一点儿工作,就能源源不断地赚到额外收入。我答应你如果想创业的话,我就是你的后盾和助力,没钱没关系,没思路没关系,没渠道没关系,没方向也没关系,这些我都有,关键是你要不要参与进来。于是对方一想,既然我想的你都知道,那你的方案应该是错不了的,也许就是我想要的,既然现在不需要我付出高昂的成本,怎么看自己都算不上吃亏,那么不如就买个东西试试吧!欲望就这样在共情中不断裂变,眼前的池塘俨然成为合作共赢的美丽家园,这样完美的营销策略,有谁会不为它所动呢?

看完这些,想必你对朋友圈的客户裂变营销策略,也已经基本形成了概念。所有的营销策略,都是需要建立在消费者心理架构的基础上的。如果此时的我们，能够提前认识到这个问题，能够准确地掌握精准客户的心理，那么毫无疑问，完成客户裂变模式的优化，将会成为一件水到渠成的事情。想拥有百万粉丝，想让百万粉丝不断裂变，这个世界没有不可能，整合好眼前的一切，把握好自己的战术和资源，任何人都能在裂变营销这条路上无往不胜。

快速增粉——精准引流下的聚粉浪潮

做电商的人，总会面临一个非常头痛的问题：那就是如何做到精准引流？它几乎是所有电商行业人士关心的话题，也是电商行业长远发展的关键所在。人们常说，做什么行业都需要有客户，做电商同样如此。有些电商行业的人会依靠电商平台提供引流方案，也就是在电商平台上完成精准的引流。

要想完成引流，首先要做的就是建设好自己的精准流量渠道，它意味着我们要在这个精准营销时代，用最少的钱，最少的时间，获取最多的精准客户。这意味着我们需要建设一个强大的生态关系链条，它是整个关系链中最容易获取流量的入口，人们因为关系而产生价值，社会因关系而存在。一切社交产品，都是基于这种人与人之间的关系产生的。前面说过，一个人就是一个矩阵，他所连接的关系网是无穷无尽的，一旦关系链条产生，人与人之间的互动距离将会迅速缩短。这也就意味着，这条无形的关系链条将成为企业获取流量的最佳途径。

　　这时候很多人会说，拉关系谁都会啊，随便加上几百个好友，建几个群，一起聊聊天，群里的人彼此就产生了联系。有了初级链接，不就有了做强做大的关系链接机会了吗？可是你有没有想到，关系链和核心思路不是关系链本身，而是它的精准性。这种精准性是更为简单直接的，也是更富有目的性的。

　　微信获取流量建立关系不难。现在谁没有几百个好友？我们需要以此为媒介找到更多志同道合的人，让他们对自己的产品产生兴趣，对自己的经营理念表示认同，邀请他们加入，在合作共赢中制造自己的粉丝经济。

　　怎样促进增粉，让精准客户快速裂变？其实，操作上并不是那么困难，下面就让我结合自己的亲身经历，向大家分享，看看里面究竟包含着怎样的智慧。

　　在年初的时候，一家公司的负责人向我求助，说快运营不下去了。我纳闷地问："到底发生了什么？"他摇摇头说："生意不好做啊！"于是我便问他现在的营销渠道有哪些，他说现在还是通过电话对客户进行逐个推销，而员工面对这样枯燥的劳动，早就已经提不起一点精神了。我听完这些说："这种销售方式已经过时了，你要采取裂变营销手段，利用社群粉丝经济提升自己的销量。"

　　听到粉丝经济，他说：公司以前也有几个微信群，客服在朋友圈也时不时地发些广告，但收效微乎其微。于是我意识到，这就是我们常说的0基础，0粉丝案例。后来他们构建粉丝经济精准客户裂变模式，没多久就锁定了10万个精准客户。他们是怎么做的呢？

他们用新手机号注册了10个微信号，并且都绑定了银行卡，做了实名制认证，并购买了腾讯的理财产品。因为老板手里有一些客户电话名单，但精准性不高，所以他们决定重新在微信上裂变出海量的客户。他们先设计好每个微信的名称、头像、性别等。性别都写成女性，因为女性微信群体对于客户而言，更容易获得信任。

为了保险起见，他们并没有使用软件自带的加人模式，因为这样很容易出问题。当时附近所有的客户，都是他们一个个手动添加的，或者是从本地的QQ群中找的。加人的第一步也非常简单，操作半个小时，每个微信上就加了十几个人，有些甚至还是别人主动加入的。这样每个微信上都加到了不少的好友，于是他们开始主动跟这些人聊天，问他们是做什么的、爱好什么、生活上有哪些习惯。而且设计了一句话，如果对方对生活、工作是比较积极的，他们就发一个红包作为奖励。这样别人看了之后，也会非常好奇，对你这个人更是关注。这时候，有些人开始问他是做什么的，而他的回答也很简单："我现在正在创业。"然后会展开一些积极、正面、阳光的话题互动。只要沟通愉快，没有生疏感，就发一个红包。红包不要求太大，1.88元就行，因为这样的互动可以更快速地增进彼此的感情。在发红包的时候，会附上"感谢时间，让我遇到那么好的你"之类的话。当别人领取红包之后，便会有人跟他说谢谢。这时候他就会说："你有没有本地的微信群，能不能把我拉进去呢？"这时候有人会问："加群干什么？"他会对他们说："因为我想认识更多朋友啊，如果你拉我入群，我还会给你发红包。"这时一般人都会愿意把他拉进新群里。

进群以后，一定要铺垫到位，跟大家热火朝天地熟聊，要不然即便是发红包，别人也不怎么愿意拉你进去。这个方法，是可以变通着使用的，用微信上的10个好友来操作，你会有大大的惊喜。

就这样，他们从10个微信、0个好友，到添加好友，再到有效地进行好友互动、发红包，要求别人拉自己入群，一个小时的时间，他们的10个微信，加了100多个好友，进了200多个当地的微信群。每个微信加了十几个好友，有人拉他们进一个群，也有进很多群的，然后便是进群后的互动聊天，发红包鼓励，增进感情，然后加好友，再发红包奖励拉群。就这样先后进了200多个群。他们的状态依旧是隐蔽的。他们并没有急着发广告，而是做了后续的两步：第一步，进群融入大家的话题，因为是正常交流群，他们需要先看看这个群里的人究竟都在聊些什么，然后就给大家发红包。这样就很快地在群里混熟了。第二步，就是和群主套近乎，这点是非常重要的，因为群是他说了算的，你发红包之后，可以在群里@群主，出来抢红包。如果群主说话了，可以在发红包的时候，写上感谢群主的话。这样一来，群的主人开心，后续的工作自然也就能够顺利地进行了。

第三章 ｜ 裂变模式1.0 用户裂变——点成面，面成片，"病毒"式扩散来个遍！

就这样，在10个微信号里，200多个群里，主动加他们为好友的，就有1000多个人，平均每个群就有好几个加他们为好友的，而且他们也主动加了几个群主，然后都做了备注。

下午上班以后，继续按照这样的步骤进行操作，到下午五点半下班的时候，公司5个人，10个微信号，一共加了5000多个好友，进了1000多个群，加上的群主也有二三百人之多。这样一来，平均一个人操作两个微信号，每天都花上几个小时，主动或者被动地加上1000个左右的好友，进入200多个群。慢慢地，这样的模式便在他们的工作人员中间开始裂变，他们一个人可以独立管理一个微信号。也就意味着这几个微信号完善以后，就可以管理几百个微信群，有了这样的粉丝裂变速度，流量便得到了保证，也就有赚钱的可能了。

有了微信客户和微信群以后，接下来要做的就是有效地服务客户，并且筛选精准的客户，最后促成交易。这时候就需要他们准备好相关的沟通话术，并将这些内容，提供给第二组。并在下午的时候，给已经成为好友的300多个群主聊天。总结下来，方法只有一个，源源不断地发展自己的管理团队，并认真地进行操作实践。就这样，5天下来，5个团队，已经利用55个微信号，主动或被动地添加了超过10万人的好友，进入的微信群也有8000多个了。更令人感到震撼的是，在他们添加的好友中，光群主就有4000多个。

这样一来，粉丝很快就聚拢起来了，于是他们开始进行自己的计划，有意识地通过一些精美的文案、巧妙的营销推广技术，一步步地朝着自己的精准客户靠近。经过多方的挑选，他们从众多群中挑选出了3000个精准客户，又将其中的500个人成功发展成了自己的经销商。于是后续的方法，开始紧锣密布地上演了，他们再也不担心自己没有客户了。相反，他们将更大的重心放在了精准客户的粉丝裂变上。很快，他们的努力就产生了回报，成交数额终于开始提升了。粉丝经济体系，也因此有了雏形和框架。

从0到1难吗？精准客户裂变真的只是天方夜谭吗？按照这个想法，路就在脚下，迈开腿才知道将走向何方。不要觉得梦想距离自己很遥远，想要增粉、聚集粉、找到精准粉，往往就是从你决定付诸行动的那一刻开始的。

裂变模式2.0
平台裂变——流量变现，第一时间抢占自主商业地盘

第四章

流量进化论：构建自己的私域流量池
圈地效应：裂变思维下的超级赋能
裂变 + 电商 + 平台，快速提升你的老板格局

流量进化论：构建自己的私域流量池

别看工位上就坐着这么两三个状态懒散的人，他们的电商企业，也许年收入就能高达1亿元。究竟怎么做到的？为什么你做不到，原因很简单，人家有流量，会整合运作流量，能够调动流量的活力和积极性，善于运作粉丝经济。

当你还在寻找高流量店铺的时候，人家已经在卖货了。当你在苦苦向别人推销的时候，人家的电子订单计数器都不知道用坏多少个了。当你在努力打拼外环市场的时候，人家已经在自己的私域流量池里裂变出了不知道多少"小鱼"。想想看，不论是从成本、投入、精力上，还是从业绩、销量、经营上（即便过去的运营模式，在你的运营下已经炉火纯青），面对这样的对手，你只能甘拜下风。这意味着你的艰辛不如电商平台上的一个"撒糖比心"，你的苦心经营，不如别人一个"点击分享"，你的积累客户，不如人家的"粉丝裂变"。为什么你每天风吹雨淋，赚的钱却是人家躺在家里获利的很小一部分。

差距在哪里，看看自己手里的流量资本，一切就一目了然了。

其实，要说流量这个词，并不算是什么新颖的词汇，它始终都是与营销紧密相连的。营销的发展史本身就是一部最了不起的流量发展史。私域流量之所以那么受企业关注，其主要原因就在于企业对流量的获取，在源源不断地产生焦虑。如今很多有强大公域流量的行业体系，已经渐渐形成了饱和之势，要想从它们那里获得流量的成本越来越高，而且即便投入了高成本，所获的回报也可能与自己期待的不成正比。要想成为自己的主人，就要有属于自己的流量池。不仅仅要有属于自己的流量池，还要创造属于自己的方法。不但要创造属于自己的方法，还要让所有的财富不断裂变，要让粉丝不断裂变，而这一切是要在低成本、低投入、低风险的状态下，高效率完成。

那么怎样有效地建立属于自己的私域流量池呢？看看下面的经典案例，或许能够得到更多流量裂变的思路和方法。

著名美妆品牌完美日记起家的时候，在广州开了两家线下体验店，每天人流量大约2000人，每位柜员除了作为行走的收款机以外，更重要的任务就是引导所有的客户加微信好友。而且这种行为，不只适用于线下，顾客在线上下单以后，收到产品的同时，还会收到一个微信二维码，通过一些福利引导买家添加微信。本来客户觉得这是一个平淡无奇的客服微信号，添加好友发现是一个小IP，有一个可爱的名字叫作"小完子"。"小完子"竟然是一个真人形象，由一张清纯的女生照片作为展现。她的朋友圈一天发布2~3条信息，内容主要是一个喜欢化妆的女生的日常生活。于是强烈的生活代入感，为她带来了不错的粉丝量，以至于有人感叹，这哪儿是客服号，简直就是在培养"素人博主KOC"啊。什么是KOC？这是2019年的一个流行词，一般指的是影响自己的朋友和粉丝，并让他们产生消费行为的消费者。从"小完子"的自动回复，我们可以看出完美日记使用的各种引流手段，其实都是有属于自己的智慧和节奏的。小完子拉客户入群，群里每天都有各种各样的活动，如促销、抽奖、直播、赠送等。其中一个经典的看点就是小完子运营朋友圈的艺术。

小完子，拥有自己的小程序"完子说"，为的就是成为私人美妆的管教。原来完美日记在线上的投放，只能获得用户当场的一次冲动下单，但建立私域流量池以后，结果就变得很不一样了。小完子自己每日通过朋友圈、社群、小程序，扩大顾客群，用直播、大促、抽奖等跟踪方式实现转化和复购。这样一来，自己的粉丝经济裂变速度就如滚雪球一般不断壮大，而客户的购买动力、对完美日记的品牌信任也在与日俱增，逐步形成了拥护感和认同感。

从完美日记的案例中我们可以看到，每一个小完子，其实都是一个活生生的完美日记员工。当小完子们把客户引导到他们的微信上，并通过微信不断地向客户传递产品价值和主张的时候，就相当于帮助完美日记搭建了自己的私域流量池，而每一个小完子，就是一个精准的流量入口。就这样，没有花费太多的广告费，就快速地裂变出了大量的精准用户，而且这样的用户还在不断裂变、不断分享，以至于最终完美日记用很短的时间、较低的成本、完美的销量，让更多的客户知道了它、了解了它、认同了它。

　　为什么会有这样强大的亲近感和认同感呢？首先，KOC之所以能主导消费，主要原因就在于她本身就是一个消费者和分享者，所有的产品信息她都是亲身体验过的，再将这些信息传播出去，与粉丝互动，就会很自然地形成信任关系。对于用户来说，找一个亲身实验过且了解产品的人进行有效沟通，不但对产品的距离感更近，还能节省很多时间。越是在这样简化思维的互动下，所能锁定的客户就越精准。这样一来，小完子既可以在公域流量下曝光，又可以快速地在私域流量下转化。总而言之，她虽然代表完美日记，但更像是粉丝的一个亲密朋友，是具有"真实、信任"感的特质消费者。

　　那么现在就让我们一起来算笔账，如果平均每个小完子有2000个微信好友，那么一个有10个人的小微团队就可以影响两万个好友，一个有100个人的中型团队就可以影响20万个好友。如果小完子的团队已经发展为1000个人，那她所能影响到的好友就是200万个了。更重要的是，这200万人都与小完子互动过，都可以算是她不同程度的精准客户，都对完美日记产品感兴趣。这样的粉丝经济还在不断地运作，源源不断的流量还在无形中继续扩张。随着完美日记的知名度不断提升，它所具备的商业价值和潜在发展机遇都是不可估量的。

　　所以通过一个小小的案例，我们就完全可以看出私域流量裂变所带来的强大营销震撼力，这些潜在的经济就这样在无形中，经过系统的整合，成为我们手中任何人都抢不走的财富。它意味着我们将建立自己的流量体系，建立自己的商业帝国，建立属于自己的经典玩法，而在运营这一切的过程中，你从来都不会缺少拥护者、认同者和陪玩者，所有的人都会在你的调动下，更积极、融入、黏合，直到这些流量在迅速裂变的浪潮中成为一股强大的洪流。

圈地效应：裂变思维下的超级赋能

说到裂变思维下的超级赋能，不知道此时你的脑海中想到了什么。曾经有一个朋友跟我说：一个人就是一个媒体，他们随时可以迸发出更大的活力和机遇，关键就看你怎样有效地整合利用。如果方法得当，你一定会获得很大收益。这种由点成面的社交力实在是太雄厚了。即便是你想和美国总统喝杯咖啡，只要找对那么五六个人，应该也不是一件多么困难的事。下面就让我们针对裂变思维模式，给大家讲述一个经典的案例。看看一个小小的咖啡馆，是怎样通过裂变，成长为拥有上亿资产的上市公司的。

一听到瑞幸咖啡这个品牌，你很可能一下子就想起你家周围、朋友圈、电梯间、公众号，甚至小区楼下铺天盖地的小蓝杯，而这一切的裂变反应，让我们在无意中记住了它的名字，也让我们开始渐渐认同它开拓裂变新格局的网红身份。那么它的精准客户裂变思路究竟是什么呢？

其实瑞幸咖啡的裂变思维很简单，就是赠一得一，想要买我

第四章 | 裂变模式2.0 平台裂变——流量变现，第一时间抢占自主商业地盘

的咖啡，就请下载瑞幸咖啡的App，并且注册为会员。只要你完成一系列的程序，作为感谢，我可以赠送给你一杯咖啡。如果这个时候，你能够将这款App分享给好友，好友也注册并购买，你和他都能得到一杯咖啡，从而产生了循环。这样就打造了一个精准客户裂变的闭环，实现了用户的不断增长。

事实证明，这种简单粗暴的裂变设计是非常有效的，毕竟每个人都想当那个"薅羊毛"的人。瑞幸恰好把握了用户的这种心理来运作自己的营销，这也让瑞幸的客流量与日俱增。这种裂变方式，明显减少了瑞幸咖啡的获客成本，而解决了现金流的问题，剩下的钱，就可以用在刀刃上了。

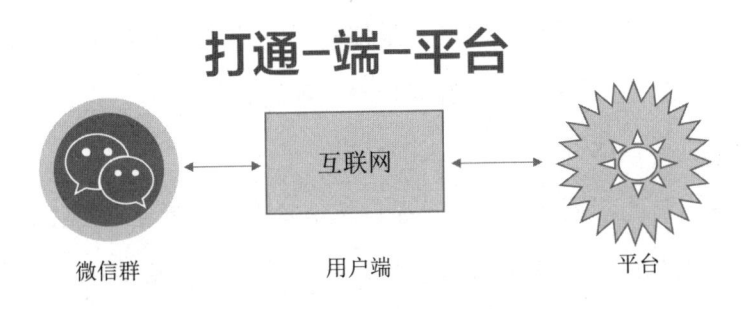

打通-端-平台

微信群 ←→ 互联网 ←→ 平台
　　　　　　用户端

图4-1　邀请裂变的逻辑

下面就让我们一起认真分析一下这种邀请裂变的逻辑（见图4-1）。利用老用户资源来获取新用户，通过一定的奖励来吸引老用户为品牌进行拉新，在对新客户给予奖励的同时，也向老客户发放奖励。这样一来，不管是受邀者还是邀请者，双方都会很开心。

事实上，这种裂变思维逻辑完全可以用在各行各业的每一个领域中，只需要我们将资源进行整合，将奖品准备好，然后将它们发放到

最早的一批种子用户手里，通过他们的分享和转发，将有源源不断的用户加入社群，实现粉丝裂变的雪球效应。一般来说，100个种子用户实现200～1000个用户的裂变是一点儿问题都没有的。但针对不同的行业，不同的用户群体，如何设置发放奖品，又如何快速地整合手里的资源呢？答案很简单，首先我们先把自己的"鱼塘"建立起来，用"鱼饵"把一部分"鱼儿"进行引流，让他们进入自己的游戏规则。这样，把握了所有渠道以后，我们便可以掌握"池塘"里裂变"鱼儿"的所有动向。我们不但知道怎么喂养他们，还知道怎样让他们裂变得更快。同时，我们还可以放宽自己的空间，永远不会让他们觉得受到限制。这才是裂变思维中最根本的一个环节。怎样打造属于自己的裂变营销环境？如果手机上有这么一款App，专门为你的一切营销需求量身设计，里面所有的用户都是你的产品的忠实粉丝，而且粉丝还在你的经营智慧体系下不断裂变壮大。我想，但凡是思路开阔一点儿的人都会觉得，那真是一件天大的好事。

回顾当前的营销市场，你会很自然地发现，一款App从出现到爆发的速度越来越快了。之前有很多产品和营销活动，都是在获得新闻媒体曝光之后才爆发的。现在很多产品，却是我们先从朋友圈看到，尝试各种体验后，才会在新闻媒体中出现。在App运营中，裂变营销可以说是功不可没。究其核心，主要是因为这是一个全民社交的时代，社交裂变可以通过朋友圈实现低成本、快速获客的目的，成为市场营销的重点。

那么，怎样通过一款App痛快淋漓地玩转"裂变"营销呢？其实核心箴言只有6个字："拼""帮""砍""送""比""换"。

第一字："拼"

一想到"拼"，你的脑海里或许已经蹦出了诸如"拼多多""拼团""拼单"之类的字样。不错，眼下大家公认的购物App拼多多，就是利用了一个"拼"字发家致富的。用户通过邀请朋友，就可以一起买一件低价的产品。只要你打开了这款App，里面的所有内容都是围绕着一个"拼"字连轴转的。现在的主流团队，常常会把拼多多的全部裂变营销进行梳理，制作成更为完善的营销方案。实践证明，只要操作得法，所能获得的效果极其惊人。

第二个字："帮"

"遇到问题了吗？作为帮忙的交换，给我邀请几个好友吧！"在运用App的过程中，很多人会遇到这样那样的欲望瓶颈。例如，此时你正在玩一场游戏，到通关的时候，发生了点儿小状况，一时不知道该如何处理，于是便想要向别人求助。这时候，系统里的要求就是："我可以免费帮助你解决问题，但是你能否为我拉几个好友进群？"想到自己不用掏钱就能解决问题，多半的朋友会对这方面比较慷慨，在无形中，App的用户资源就开始源源不断地裂变。一个人在玩通关游戏的过程中，问题肯定不止一个，而每次遇到问题，首先想到的就是运用这样的方式解决问题。这也就意味着一个人在解决问题的过程中，源源不断地给系统中带来新的客户。

第三个字："砍"

你一个人买东西，说这东西太贵了，估计有人不会理你，但是如果你找了10个人一起去找店家谈价格，人家可能会给你个表示，但是如果你找来100多人一起去跟店家谈价格，每个人至少带上10件货，那估计店家都要拍掌给你叫好了。由此，人们为了要买下自己心仪的商品，首先想到的就是发动自己身边的人，找到一切可以跟自己一起砍价的人和机会。于是，只要是认识的人都会尝试被邀请，有些人最终欣然同意，原因也并不在于交情有多深，而在于这东西自己确实也需要。这就是"我未必跟你多熟，但我可以跟你一起砍价剁手"。很多在现实生活中针锋相对的人，在App的砍价风潮里，却是亲密战友。当然不管现实生活中你与他人的关系怎样，只要你买了东西，店家高兴，你高兴，和你一起砍价的人高兴，就很完美了。

第四个字："送"

所谓送，有可能是一个红包，有可能是一份礼品，当然也可能是一个超值的爆品。总而言之，只要你完成了我给你的邀请任务，你就完全有资格赢得这场免单还送礼的特殊宠爱。对于客户而言，倘若邀请几个朋友就可以赢得这么多的馈赠，肯定不会过分犹豫，毕竟邀请别人总要比自己花钱实惠。于是买的人分享了一大批精准客户，精准客户为了豪礼又分享了一大批精准客户，结果精准客户越来越多，庞大的体系足够让系统源源不断地获得销量。

第五个字："比"

除了利益驱动还要有荣誉驱动，这里就利用了所有人都拥有的好胜心，而App的好处就在于，我们可以进行系统内的各种设计，比如所有用户打排行，前十名有资格收获系统赠予的超值大奖，前三名有资格获得系统赠予的港澳七日游套餐，第一名则有资格获得系统给予的10000元现金。但前提是，你一定要是系统的明星客户，能够在数据上体现出你给系统带来的丰厚利润。这个利润的计价方式，也未必只是你来买东西，你可以源源不断地介绍新客户。这些客户不管成交了什么东西，你都可以分享红利，而他们买东西的那些金额，也都可以算作你的业绩。这样一来，每天排行榜在那儿放着，越是接近顶端的，越会努力分享。被分享的客户也会觉得，我现在买了东西，如果不做分享的话，那不就等于赔钱吗？你看人家都拿到港澳游了，我也不能落后啊！这么一比，动力就来了。动力来了，活跃度就上去了。活跃度上去了，粉丝裂变，裂变销量也就开始爆炸式增长了。

第六个字："换"

换的App裂变营销思路，或许比很多客户裂变方式来得更直接。你给我介绍新用户，我得到用户以后立刻将这些用户转换成积分送给你，你用这些积分，可以在平台上随便消费。这么一想，立刻开始行动，认识不认识的全部都介绍进来，而进来的人也看到了这个优惠，自然也会毫不吝惜地分享给自己的客户。于是来的人越多，换的积分也就越多，换的积分越多，精准客户就越多，等到裂变的浪潮越来越强大，这时候再加入一些技术性的营销活动就是轻而易举的事情。有人的地方才有江湖，关键是我们得先引导精准客户进入自己的江湖。

当前市面上快速崛起的产品和服务，你仔细想想，多半都被这6字箴言笼罩着，这个世界上所有的生意都是被关系和兴趣驱动的，把握

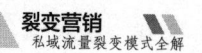

好人群的欲望和需求，也就相当于掌握了精准客户的心理。

裂变＋电商＋平台，快速提升你的老板格局

在这里，我真的想和大家分享一下老板的格局。一些企业家在商场上兢兢业业地干事业，可他们的困惑却是，为什么自己这么努力，却还是干不过别人，还是会被淘汰？看到他们委屈的样子，我只能说这个世界，早已经不是很努力就能很赚钱的时代，如果你不能重新整合自己的运作模式，那么即便你付出300倍的辛苦，依旧改变不了失败的命运。这就好比拿着长矛、宝剑拼别人的洋枪、洋炮，你再努力，别人也可以三两下就打倒你。

作为一个老板，我认为格局应该分为3个层次：见自己，见众生，见天地。

什么叫见自己呢？首先你要真实地了解自己，正面对待自己的欲望，知道自己想要什么，梦想是什么，优点是什么，能力是什么？不足在哪里，有什么样的资源和助力。这一切都需要我们提前对自己进行评估和了解。

什么是见众生呢？完成了对自己的精准评估以后，我们就要思考下面这个问题。如果眼下我想实现的梦想就在那里，但自己所具备的能力与之还有一定的差距，那么我究竟可以从别人那里获取点什么？他们的缺点是什么，优点又是什么，而我又应该怎样对这一切加以利

用，让他人成为自己生命中的助力，避免隐患和短板，让自己一步步地更接近成功。

什么是见天地呢？了解自己了，也了解众生了，那么下一步就要去了解天地这个大环境了。当下的时代发展朝着哪个方向迈进？接下来的我又该朝着哪个方向做？在这个时代浪潮中，究竟隐含着哪些机遇？我又应该怎样把握这个机遇，对手里的资源进行整合，让它们可以支持我，做更多自己想做的事情？

作为老板，你能把这些问题想清楚，那毫无疑问，你不会成为输家。只可惜，现在的企业老板多半还没有顺应时代，他们的思想还保守在那个过去给自己带来辉煌的时代记忆里，还没有意识到，一个潜在的危机，正悄无声息地潜入他们的生意之中，成为别人的机会，一步步地抢占分割着他们的蛋糕。如果此时再不扭转格局，那么很可能就在这不到几年的光景里，不但无钱可赚，丢失自己行业的地位，还会彻底出局。

我可以不客气地说，未来10年行业趋势看不懂就会输得很惨。未来5年，曾经在人们心中辉煌一时的个体户可能消失，而此时的世界，将会成为一个资源整合的时代，一个团队合作的时代。

十年前马云说互联网会彻底改变人们的生活，被大家视为疯狂的骗子。马云说，每一次机遇的到来，都会造就一批富翁，一个产品的出现，都会在行业中有一个红利期。当别人不明白的时候，你明白了，当别人不理解的时候，你理解了，那么等到别人都明白过来的时候，你已经成为毫无争议的富翁，而当别人开始模仿你的时候，却发现自己已经来不及成功了。先知先觉的是精明者，中知中觉的是跟随者，后知后觉的是消费者。我们一直都在等待一个机会，也许机会就在你面前，你却觉得那是一件自己看不起，也看不懂的事。机会不是因为你遇到了某件事，而是遇到了某个人，因为彼此信任而成就了彼此。当曾经被看作骗子的人成为富豪时，你还要继续相信眼前的机会就是一个骗局吗？如果此时的自己，真的还有选择的机会，不妨勇敢地拿出魄力和勇气，在机会的浪潮中验证和实践自己。

2020年，我国的网民数量已经达到了9.04亿。"互联网+"开始无形地融入各行各业，也将促成各个行业的重新换血和整合。对于任何企业家来说，除了加入互联网行业，我们真的没有更好的选择。互联网、新零售、云计算、大数据、人工智能、区块链等加起来等于未来。当我们还没有下定决心做还是不做的时候，互联网已经从传统市场渠道中，一年抢走了37万亿的销售额。比尔·盖茨说，如果你今天错过了互联网，那你错过的不仅仅是一个机会，而是一整个时代。今天不做电子商务，明天将无商可务。当我们还在犹豫要不要做互联网的时候，互联网的每一秒都在颠覆整个世界。

要想赢不是掌握了互联网技术就可以了，而是要在体制上进行挖掘和改变，用互联网的思维来经营自己。当今的竞争，不是企业和产品那么简单，而是商业模式的比拼和竞技。最好的模式就是将机制与自己擅长的行业进行整合，在于把"互联网+"紧密地联系在一起。只有如此，才能成为名副其实的产业互联网，成为一个创新的互联网商业模式。当年，婷美的文胸和内裤产品都不是市场上的第一名，但把文胸和内裤连在一起，做出一个爆品，让婷美成了行业第一名。

或许你现在在自己的行业里算不上第一名，在"互联网+"里也

第四章 | 裂变模式2.0 平台裂变——流量变现，第一时间抢占自主商业地盘

排不上名次，但倘若你能够使行业资源和互联网强强联手，说不定你就有机会在整合资源以后，成为整个行业的第一名。由此可见，逆水行舟，不进则退，就算你没有做第一名的打算，至少也不要等着被这个时代淘汰。与其到最后连生存空间都没有，不如在市场格局尚未形成之前，快速地进入互联网世界，然后在时代的浪潮中形成自己的格局。快是唯一的商业模式，互联网不是大鱼吃小鱼，而是快鱼吃慢鱼。未来10年，中国会有70%的传统企业倒下，谁慢一步谁就会是其中之一。要快就不能没有方向，要快就要整合最专业的资源和互联网营销团队，如果不去做，拿什么去兑现自己的希望和未来呢？

所以这个时候，我们需要做的就是树立自己作为老板的全新格局。我们需要重新整合自己的资源，建造自己的产业。我们需要将裂变、电商、平台等一系列自己可以了解且触及的内容全盘地进行探究、分析和整理。这时候你就会发现，成败都在于你是否站在了一个正确的着眼点之上。所有的负面意识背后，或许就隐藏着巨大的商机和正面意义。传统模式赚不到钱，那就不如用最新的营销策略去经营自己，唯有勇敢地尝试，反复地创造，才能开辟出一块属于自己的领地。开疆破土，生态闭环，储蓄资源，裂变规模，只有如此，我们才能有效地掌握属于自己的品牌数据；只有如此，我们才能与机遇连接，快速地完成蜕变，让财富源源不断地流入自己的圈地。

究竟怎样才能玩转时代，在互联网产业中拥有最强的资源整合呢？其实也很简单，正视这个营销模式定律：裂变+电商+平台！

裂变解决的是人的问题，电商解决的是货的问题，而平台解决的则是场的问题。只有人货场有机地结合在一起，才会源源不断地迸发

出新的活力。

下面先让我们看看裂变。

首先，之所以说裂变解决人的问题，是因为它有效地完善了社交产业链这个环节。这个社交链条，需要管理，需要有效的机制，需要不断地壮大。如果想以最低的成本，获得最好的效果，显然以人为本的思想是根本靠不住的。它需要一个强效的体系和机制，需要研发出可以随时随地激励粉丝的智能化运作。它需要以更为现代的眼光发展和裂变粉丝经济，在经营粉丝的同时，巩固新老的社交链条关系，同时还能带来更深度的机会和效益。

过去我们的思路，是在多少条街开了多少家门店，我们就有多成功。现在是你的App在多少人的手机里安装了，你就有多成功。安装一个市值1000元，如果你有1万个客户，甚至10万个客户，想象一下市值是多少吧！客户到了1万，就可以去找人谈合作，谈融资。如果你的App裂变营销做得好的话，不需要太长时间（两到三个月），不需要花费太高的成本就可以轻松搞定。

其次，我们都知道电商的根本利益就是卖货，货跟电商有着不解之缘。那么怎样能快速地卖货，除了之前裂变产生的社交链资源以外，现在更重要的是，把精准客户留住，有效地对眼前的资源进行经营、鼓动和整合。这里面就谈到了粉丝运营的核心内容，谈到了"种子经营""用户激励""利益驱动机制"。如何将自己的用户变成免费经销商，如何让他们从免费经销商变成股权合伙人，如何让他们从股权合伙人变成分公司区域总代理，如何从分公司区域总代理变成毫无争议的大区代理？此时，电商的责任和使命，已经不仅仅是赚钱和卖货了。他所运营的内容是一个人的理想、幸福和希望。他在与别人的互助互利中，给他们投射创业的愿景。同时，在这种愿景的经营下，与他们一起结伴成长。

最后，想想看，即便你电商做得再好，裂变粉丝经济做得再出色，里面可能发生的突发事件都是随时的。粉丝裂变速度虽快，但随时可能会丢半壁江山。如果一切都是由人来管理，那么人与人的关系，人与人的行动，人与人的思想，是在时间和空间中千变万化的。如果此时，你不能建立自己的强效管理机制，根本无法震慑那些可能出现的混乱。一旦混乱发生，刚刚运作起来的企业，就可能会因一颗小小的螺丝钉而彻底翻船。当然电商的运营也没有那么轻松，如果总是依靠别人的平台，就总要看别人的脸色行事。所以此时的你需要一个空间，这个空间是彻底属于你的，你可以在中间不断地更新自己的玩法、战略。这就是一个毫无争议的自己的江湖，遵循着自己的体制和法则，运营着自己的经济和收益，同时也能使所有的管理，在智能化的强效体系下，自动运行。或许有这么一天，在你的企业上班的人屈指可数，而你也已经休了一个月的假，从来没有过问过收益，但所有的平台机制，依然在有条不紊地运行，所有的收益如数奉上。你终于可以解放双手，去做一些自己认为更有意义和价值的事情，你会有时间关心行情动态，与更有智慧的人一起共享繁华。这时候，手机App，或许可以成为升级版的营销工具，作为企业的左膀右臂，和你站在一起。

所以，看看吧，在暴风雨还没有来临之前，看看自己的格局差在哪儿？是因循守旧，还是现在擦亮自己的双眼，用一个全新的格局构建自己的产业、资源和营销机制。对于一个聪明的人来说，时代的脉搏永远是最好的契机，而当下的契机就在眼前，怎么去把握，看到这里，我想你的心里应该是有答案的。

裂变模式3.0

直播裂变——零投入，打造全胜宣传阵地

第五章

直播凭什么这么火？

从 22.5 万元到 100 亿元，董明珠到底做了什么？

直播除了带货，还能不能玩点别的？

直播凭什么这么火？

直播电商是从各种内容直播中分化出来的一种功能性直播。顾名思义，它是专门为网络销售服务的直播，早在2016年，直播行业在我国就迎来了井喷式增长。一时间，几乎所有的互联网平台，都开始建设自己的直播间，各路直播平台的运营内容更是千差万别。这种有图、有人、有体验、有真相的画面感，快速被广大消费者认同。直播平台在这时候，依靠自己品牌的交互性拿下了不少流量。

前段时间，我看有一个年轻人当天直播业绩就达到了27亿元，一个人就胜过了我国60%的上市公司。这就是直播的真实魅力所在。眼下裂变经济最核心的全垒打就是直播，搞定了人、货、场，整合资源下的直播就会发挥出强大的爆发力。因为有场景，有体验，有营销策略，有精彩话术，有自己觉得无比靠谱的直播达人。同时最诱人的是，进入他的直播间总能感受到宠粉的优待和惊喜的价格。很显然，这样的粉丝裂变更直接、高大上、节约成本。于是，一个潜在的商机在"直播狂潮"中上演，它不仅成就了网红直播，也从另一方面，促进了企业新媒体经济运营的发展。当然最重要的是，它提升了企业资源整合和资本裂变的格调和概率，而这对于人、货、场，都是毫无争议的契机和红利。

我曾经有这样一个朋友，做直播已经做得非常成功，在化妆品直播行业，他的直播越来越受到众人的青睐。一年几千万的利润，让人看了都忍不住惊叫。于是有人问，你究竟擅长什么，能赚那么多钱？而他也总是耸耸肩说："呵呵，直播。"没错，卖什么都能卖个赶紧，工作几秒钟的时间，顶的上一个销售加强团的集体收入，这就是他直播带货的特点所在。

为什么他的直播间可以这么火热？为什么卖什么就火什么？除去个人努力、站在风口这些原因不谈，单看他流量裂变的速度、粉丝经济的运营策略，就足够让人对他的运营智慧竖起大拇指了。

本来淘宝直播中的粉丝流量都是公域流量，是无法直接触达用户的，所以只能被动等着用户自己来关注。我这个朋友基于微信生态搭建的社群，就是私域流量，能够自助运营且直接触达用户。

那么，他的私域流量又是如何构建起来的呢？经过全方位了解，我发现他的流量帝国，主要是由以下部分构成的：粉丝裂变+个人IP+平台建设。

第一，社群管理和个人IP

这么庞大的社群，必然是由众多助理管理的，而每个助理本身，就是一个他旗下的个人号，相当于其下属的社群分管部门。根据微信群推算，类似这样的个人号至少有15个，按照每个个人号添加粉丝4000个人计算，个人号内沉淀的用户数也已经超过了5万人。而且能进入这些个人号的粉丝，已经可以算是我这位朋友直播间中比较活跃的人了。

第二，微信公众号

目前，他有两个微信公众号：一个是粉丝福利社一个是象征意义的个人号。这两个公众号，多半时间都是在为直播间内容预热，引导新粉入群，不定期活动抽奖，将产品进行合计整理，一起和用户互动种草。这样不但更好地强化了个人IP，还可以快速裂变粉丝，快速引流到自己的私域流量。在粉丝经济运营当中，眼看粉丝流量已经不成问题了，那么接下来怎么运营自己的私域流量呢？有过社群运营经验的朋友都知道，要想管理好社群，那是一件相当辛苦而费时的工作，更何况是一个接近10万人的大型社群。那么朋友是怎样带动自己的团队来运营自己的私域流量的呢？

1. 粉丝情感经营

朋友说他的直播，一年有300多场，每场直播都要推荐几十款产品，而且款款都是爆品。这样庞大的销售额背后，肯定会出现很多复杂的售后问题。如果这个关键点做不到位，就会对主播的个人声誉造成影响，甚至引起一系列无法预估的情况。社群就是粉丝用户解决问题的最好途径。朋友的助理在群里的身份，就完全代表了他。他们积极为用户处理各种投诉，为的就是要告诉大家，他很关心大家，很在意大家，而不是一个只会让大家买，而自己只知道卖货的生意人。助理的朋友圈的很多内容，都是经过精心构思的。这让大家感觉我这位高富帅的朋友并不是一个遥远的主播，而是你身边的普通人，有着人世间的烟火气，有着自己的喜怒哀乐。这样一来，不但让用户更好地了解自己，还可以强化粉丝黏性，更有效地拉近他与粉丝之间的距离。

2. 打造宠粉福利

我曾经问过我的朋友："你直播推荐的产品为什么那么多人买？"其主要原因确实是比别的地方卖得便宜。为什么会有这样的效果？原因也很简单，之所以能谈到最低价，就是因为他的直播比别人都卖得多。

对于厂家来说，能让我这位朋友带货，自己求之不得。对于粉丝来说，能买到朋友带的货，已经极其幸运了。他秉持负责任的态度，也有资本释放福利。由此可以看出，就宠粉这件事，我这位朋友对待粉丝的态度那是相当好的。

另外，除了不断在直播过程中抽奖给粉丝福利以外，利用自己的公众号、社群给自己的粉丝送福利，也是他的常规操作之一。很多没有抢到中意的商品的伙伴，经常能够在社群里收到朋友的团队送的惊喜。在直播间外，每天还有签到打卡换取积分的活动，用这些积分可以参与抽奖，而且这样的粉丝互动每天都有。这样极力调动了粉丝的活跃性，还增进了他们与朋友个人IP的黏合度。对于他的粉丝而言，这一切就是他给予粉丝的宠粉福利。

3. 精细化运营

一场直播的时间是很长的，不是所有的粉丝都能坚持到最后，为了在粉丝经济中不造成损失，就要针对粉丝的个人偏好，提前做预告，这样就可以最大限度地帮助粉丝，在精准的时间段进入直播间，带走自己最喜欢的产品。为此，朋友的团队每次都要提前把当天直播的推荐产品做一个系统的排序，提前将产品进行预热，通过微信公众号和社群号予以公布。这样就可以提醒当天来直播间的用户提前做好准备。在直播开始以后，助理还会在群里推送链接，引导大家前往直播间，这样就可以很好地避免用户因为忘记时间而错失产品的购买。这样一来，不但客户的活跃度得到提升，每次进到直播间的粉丝量也得到了有效保证。

看到这里，或许你会感慨，原来直播的背后，还有这么庞大的运营体系在做支撑啊！如果你建立好自己的运营机制，采用相应的"裂变运营工具"，打造属于自己的电商平台，用人工智能的方式与粉丝进行互动，用最少的人干最多的事情，不但可以有效地完成粉丝的感情维护，还可以有效地发展个人IP。新时代的营销，新时代的策略，新时代的运营概念，新时代的电商格局，谁抢占了先机，谁就能先发制胜。从这个角度来说，你千万不要说你比不过李佳琦。因为对于一个有商业头脑的人来说，找对了风口，看准了机遇，建立好了你的机制和玩法，后续的一系列资源裂变，都将是草船上借来的箭，而东风吹不吹，或许从来不受制于别人，而是你对于当下选择的一个决定罢了。

从 22.5 万元到 100 亿元，董明珠到底做了什么？

我有一个朋友，口才和精神都非常好，每天打开直播口若悬河地讲两个多小时。结果一个月下来，显示参与直播的人，只有100多人。对于这样的战绩，让人看了就想打退堂鼓。问题究竟出在哪里，为什么别人行我就不行呢？

其核心就是，能真正跟你产生利益共同体的人太少了。这些公海中的流量，始终都是举棋不定的，任你在那里口若悬河，能真正坐下来听你说话的能有几个？即便此时的你，是演艺圈的当红明星，想要带货成功也没那么容易。

自己做网红吧，成功的概率太低，请明星代言吧，那感觉又太费钱。可眼看着直播带货好的人就是赚钱啊，面对这样的情况自己怎样才能分到这个大蛋糕呢？董明珠就用自己的方式解决了这个问题，还造就了一个品牌粉丝经济的经典案例，完成了从直播23万到100亿的飞跃，那么董明珠究竟做了什么呢？下面就让我们结合事件的发生和发展，全方位进行深入解析。

董明珠一共做了5场直播，第一次抖音直播卖了225000元，这让董明珠特别不满意。第二次在快手上直播，提前做了很多准备和广告，最后成交了1亿元，结果她还是不满意。再到后来，她决定建立自己的直播平台，亲自做直播。结果开局就业绩惊人，后续的三场直播，从7亿元到60多亿元，再到100多亿元，每一次直播可以说都是一次了不起的飞跃。看到这儿，想必聪明人都能看出来，董明珠一定是换了套路和玩法，那这些业绩背后的智慧究竟是什么呢？核心内容可以用一个公式来表示：直播+代理+服务！

第一，看清自己的利益共同体。

董明珠起初做直播的时候，本身是没有公海流量做支持的。从这个角度来说，她的优势几乎为零，所以她首先要解决的就是自己的流量问题。那么流量究竟从哪里来呢？当董明珠在快手卖货卖到3亿多元的时候，她去跟代理商谈合作，可所有人的态度都特别冷淡。原因很简单，董明珠卖货跟我们有什么关系？不仅跟我们没关系，而且你还抢了我们的饭碗。于是有的代理商就和董明珠说："你卖货是过瘾了，但如果这样下去，我们还怎么干？你要再这样下去，我们就不卖格力，只能卖别的品牌了。"于是董明珠就想了，卖不好丢人，卖好了丢生意，里面的核心问题在哪儿呢？最终她想明白了一件事，之前卖货卖不好，是因为利益共同体范围存在误差，而现在要想真正把这个做好，就得让自己的利益共同体发挥作用，让他们带动粉丝裂变，把格力的事当成自己的事，这样才能把这件事真正做起来。

第二，组织分明的流量系统。

既然前几场直播并不理想，但试水以后，格力完全可以重新整合，用一套属于自己的方法。现在董明珠就拉代理商和各路朋友一起来带货，既然在别人的平台总是受到限制，那就干脆建立一个属于自己的直播系统吧。那究竟怎么做呢？董明珠让各个代理商，为她的直播间引流，每一个代理商都有一个独立的二维码，董明珠线上亲自直播，代理商给拉流量，拉完流量以后，在直播间进行销售转化，等直播成功了，就拿大规模的销售业绩给代理商直接分红。这种感觉就好像，线上高大上地发圈发广告，现下摆地摊拉人。每个代理商都有直播二维码，可以说一个人一个码，系统通过个人的二维码，就可以识别这究竟是谁带来的客户，一旦客户买了东西，格力就能给相应的代理商分红。这样一来，利益共同体在无形中建立起来了，代理商高兴，董明珠也愿意。直播加代理的强强联合，让所有的代理商陪着董明珠玩直播，这样概念逻辑的巅峰转变，流量系统便快速地上了规模。

第三，老板亲自披挂上阵，帮助消费者答疑解惑！

过去想成为代理商，首先得把格力产品的一整套资料全都背下来，这样才能给安排销售任务。可内容是海量的，准备起来实在是太痛苦。现在这一切都不是问题，董明珠亲自披挂上阵，你对产品有什么问题，直播间里就可以给你当面解决。这个世界上没有谁比老板更了解自己的产品了，代理商现在所要做的唯一一件事就是给董明珠引流客户到直播间。

代理商需要引流，不需要把产品内容背得滚瓜烂熟，只需要成为格力产品供应链上的一分子，让董明珠帮忙解决问题就好了。更何况引流，给引流分红。从这一点来说，引入直播间的人自然是越多越好了。更何况，电器这种东西都是就近服务的，系统会自动把订单派发给距离最近的服务网点。服务网点拿着空调上门安装，还有一笔不错的服务费可以赚。这样一来，有服务费，有区域代理商分红，有上级代理商引流分红，所有人都会很开心。

由此看来，产品能不能赚到钱，最重要的事情就是你能不能打造属于自己的营销平台，建立属于自己的利益共同体，让所有与你有利益关系的人和你一起做，所有陪你一起做的人都能得到丰厚的回报，让所有的回报都能转化成裂变式的收益，让所有的收益都成为进一步规划未来的愿景。这些才是作为一个老板，应该具有的格局。

董明珠之所以成功，是因为她看清了这一点对于任何企业来说，在当下这个直播为王、裂变经济、互联网产业不断壮大的时代，谁能锁定利益共同体，谁就能将事业做大做强，谁能锁定利益共同体，谁就能提升消费业绩。从这一点来说，不管玩什么，你都需要一群与自己利益均沾的人。在帮助他们解决问题的同时，最大化地收获自己的业绩红利。

直播除了带货，还能不能玩点别的？

看到了一系列企业直播带货赚钱的经典案例，或许有人会问："每天直播带货，一定会觉得单调乏味。那么除了带货以外，还能不能做点别的呢？"其实直播是个工具，其功能非常多。总而言之，平台搭建起来了，粉丝裂变得也越来越多，想做点什么都有人愿意捧场，直播还可以在企业发展的很多领域发挥作用。

例如，可以通过直播和客户一起参观自己的车间和工厂，总裁上阵做导游，一边讲述生产流程，一边采访车间的领导和工人。一边给大家展示自己的真材实料，一边让用户看着这些真材实料一步步地加工成成品。这样一来，有图、有料、有人、有真相、有场景，声情并茂，谁不会动心？

我是四川人，在北京工作的日子，心里朝思暮想的家乡小吃就是老四川腊肠，尽管网上很多家店铺都在卖，而且照片很诱人，我也几次想下单，最后还是没有付诸行动。为什么呢？并不是买不起，也不是不想吃，而是担心腊肠的质量不过关。虽然现在网购店家已经越来越规范，99%的质量都不会有问题，但我总是害怕自己就是那倒霉的1%。这时候我就想，如果有这么一家店铺，用直播的方式，让我看到他家的牧场，看到清洁卫生的饲养中心，有这么几只健康的小猪在奔跑，每天享受着饲养员精心的照顾。

然后这里的负责人，将镜头聚焦到这些猪的出栏，它们坐着车来到屠宰场，怎样干净利落地被处理干净，经过了杀菌和屠宰切割流程，然后进入下一步的腌制和晾晒阶段，接着是古法腌制，运用了独家的秘方，使用了精良的辅佐材料。然后腊肠经过多天的晾晒，最终成了让人垂涎欲滴的美食。每一道工序都渗透着对食客负责的工匠精神。

随后，他还可以拍摄用手里的腊肠烹制美味佳肴的视频。怎么切，怎么炒，加入什么样的佐料，冒出怎样的香气，然后伴随着翻炒的"滋滋"声，来上一大碗柴锅蒸出来的白米饭，把这道菜往桌上那么一放，你说看的人流不流口水？

还可以继续渲染，如总裁做完这些直播，就可以和大家一起分享自己的创业历程。他可以说："之前我遇到很多朋友，在外漂泊的日子，朝思暮想的就是老家阿爹阿娘过年时精心腌制的腊肠的味道。但因为距离太远了，总担心自己买不到原汁原味的感觉，所以只能把这段思念埋藏在心里。于是从那一刻起，我就有了一个理想，让所有在外的四川老乡，和喜欢吃腊肠的朋友，都能品尝到四川腊肠的原汁原味。于是我走访了无数人家，寻觅腊肠最好的制作工艺，向老工匠们吸取真经，最终经过上千次的尝试，终于让身边的老四川人吃出了小时候过年的感觉。现在我把这种感觉，奉送给直播前的每一位朋友，让所有的人都能回忆起当年的老四川，爱上老四川腊肠的味道……"

之后，创业者还可以拉来质检工作者、腊肠老工匠、合作方，甚至可以拉来几个见证人和顾客，让他们在直播间与大家一起分享自己与四川腊肠的不解之缘。

除此之外，他还可以找来烹饪高手，找来四川地道的厨娘阿婆，找来专业的营养师，找来专业的美食家，传授腊肠的烹饪技法、科学养生的美食知识，搞一个专注于烹制腊肠的厨艺大赛。老板还可以坐镇直播间，和大家一起聊聊腊肠的历史文化，聊聊老四川的年味，聊聊小时候过年的记忆，聊聊老四川的风土人情，聊聊自己对企业、对四川的爱和憧憬。如此一来，便能很快拉近自己与粉丝之间的关系，大家会觉得，眼前的老板，目的其实不仅是为了卖货，他还是一个有情怀，有热忱的人，是一个骨子里专注认真的人，是一个有血有肉的人，是一个可以让大家信任的人。

这么一来，表面上一个"卖"字都没有，却足够吸引我这种人的眼球，因为有图、有真相、有场景，一切都是真实的。这么安全放心的美食，我与老板之间的回忆又那么有共鸣，即便别人家的腊肠说自己再好、再实惠，即便他家的腊肠比别人家的贵，我也会选择他家，而且不仅选择他家，还可能从此只选择他家。为什么？因为彻底放心了，对于一件可以让自己彻底放心的事情，人们都会习惯性地将选择落地，既然这个选择不会有问题，就不会随便再去冒险尝试新的选择。

所以，现在就让我们想想直播除了带货以外，还能做点什么？最具企业文化的代表作就是创始人本身。一个品牌，一款产品，本身就融入了创始人的生命，因为这种生命是无形的、无声的，所以才更需要有一个窗口，以更为形象真实的场景，让所有购买的粉丝更深入地了解它，了解它背后的创始人，了解它背后的品牌文化，了解品牌文化背后的知识、情感、故事和精神。就此，产品不再只是一个产品，它融入了创造者们的生活，融入了百姓的故事，蕴含了使用者的幸福和微笑，也无声地展示了人生剧目的悲欢离合。

直播做得越出色，前来捧场的人就越多，认同你的人越多，愿意将直播从头看到尾，然后花钱买东西的人就越多。由此看来，直播虽说可以带货，但核心是一种情感的经营、需求的经营、价值的引领和时尚概念的渲染。它是一个舞台，一个属于所有企业人的舞台，而剧目是任由你自己编辑策划的。想让自己被更多人知道，想要拥有稳定的客源？想要让自己的声音传遍大江南北？直播除了带货还能做什么？看到这里，不要问我，马儿尽在手，究竟要骑着它奔向哪里，你的地盘自然应该由你做主。

裂变模式4.0

代理裂变——线上线下，玩的都是自己的套路

第六章

摆兵布阵，打通新零售渠道的七经八脉

线下：如何打造场场爆满的招商会

线上：线上招商引流，开拓新天地

摆兵布阵，打通新零售渠道的七经八脉

对于新零售产业来说，营销是最重要的核心，而最重要的基准点，就是裂变。老客户带来新客户，然后在稳住新客户的同时，让他们将产品推广给自己认识的所有人，让他们成为自己的新客户，作为品牌创始人对产品和裂变机制的创造力，依旧是渠道和产品。产品有了，便产生了代理商和团队伙伴。代理商和团队伙伴越多，下面生出的粉丝经济裂变形势就越好。社交裂变的核心，要么是精神驱动，要么是利益驱动，借助用户的社交关系，品牌传播和销售促进打通新零售市场的七经八脉。这是整个裂变营销的灵魂，也是最核心的战略所在。

那么新零售行业究竟应该怎么做呢？首先就是设计新零售的方式。如果没有社交关系的绑定，很多功能强大的产品就很容易被用户放弃，而注入社交因素的产品，使用的次数就会明显增多，口碑效应也会大大提升，用户的信任程度和黏合程度都会得到大幅度的提高。消费者购买完毕，朋友间说不定还会互相影响。当用户要放弃产品的

时候，甚至还会慎重考虑此举会不会给自己带来脱离圈子的影响。这种感觉就好像，你可以轻松离开一家书店和商场，但却不会轻易离开一个朋友或圈子。其中最核心的内容，多半跟价值和红利有关。谁能准确地了解好人的欲望，谁就能在生意中拔得头筹，带给别人更多的愿景和希望。究竟怎样经营这份欲望和幸福感呢？我们不妨将手中的资源全面整合，优化自己的系统和机制，带着利人利己的心，全方位调整自己的经营策略。

此处讲一个让员工与公司形成利益共同体的案例。

一个企业的主营项目是艾灸。一个小罐罐随便放在身上的任意一个地方，想灸哪里就灸哪里，不会掉落，携带方便。但起初它的产品运营商做得并不顺利，很长时间，粉丝经济搞得一塌糊涂，既不知道从哪里获客，也不知道怎样才能留住自己的精准客户。在了解了情况以后，它做了一套行动方案，结果不但粉丝裂变出了十几万精准客户，还成功地举办了自己的大型招商会，光第一场会就收获了价值800多万元的用户定金。虽说这算不上什么巨大业绩，但比起之前的窘境，赚到钱的感觉，也足够幸福一阵子。

这个企业成立了两个公司，A公司持有商标权和决策权，B公司专门负责产品的总代理。B公司释放75%的股份，招15个创始股东，每个股东进10万元的货，而且全部都是两折进货，以后就可以拥有B公司5%的股份。这些人可以去开一个省级公司，做省级代理商。然后省级代理商可以释放45%的股份，招上15家门店。每家门店只需要进3万元的货，所有的产品打上3.5折，然后每家店还能持有总代理3%的股份，而且这些股份都是注册股，可以写在营业执照上。15个门店招齐了以后，再成立2号省公司、3号省公司。3个省公司下来，就可以开很多家门店。门店释放10%的股份，前十名购买产品的顾客，只要交上5980元办卡，就可以共享门店10%的分红。这个股不是注册股而是分红股，而且是终身给分红。这样就可以刺激前十名的消费者快速办卡，这样一来59800元的本金就回来了。这10个人成为门店的合伙人，也是有要求的，那就是这10个人必须建一个100人的群，这100个人是愿意去分享的人。门店众筹股东享受分红和提成。这个模式容量有多大，能容纳多少个合伙人呢？我们可以计算一下，15个股东，至少一个人能在本省成立3个代理公司。整体算下来，就有675个门店了。6750个合伙人，675000个分享者。如果你的微信群里有60多万分享者，干点什么都能有赚头了。

由此进一步营销，便可以紧锣密鼓地推行下去，有让利，有分红，有股份，有提成，有赠品，有红包，有稳定收益，有豪礼嘉年华。这样完美的粉丝经济裂变计划，我想谁看了都不会拒绝，因为自己能够用很小的投入，获得巨大的收益。这时候，再跟着来个直播，做个招商会，发展代理营销活动。不管怎么计划，用什么样的方法，只要能创造出更多的利润，怎么做都会有人跟随。客户越多，总公司分红收入就越多，而各代理、店面、合伙人，所有人看着业绩增加都会开心，而后续买东西的客户，看到这么强大的优惠活动，自然也愿意花钱投入。这样一来，粉丝活力被带动起来了，店面生意也越来越红火了，所有的代理公司收益有保证了，而总公司手里的货也全都发出去了。一劳永逸，好生意好人脉，就这样轻松地落地了。

很多人说现在的市场财脉真的拿不准啊！为什么自己总是赚不到钱？其实我想说，你连方法都没看清楚，总是用惯用的套路出牌。眼下的形势已经和以前大不一样，不顺应新的形势怎么会有突破呢？所以想要事业成功，最核心的内容就是摆兵布阵的战略。战略不到家，所有的路肯定是走到哪里堵到哪里。没人脉，没资本，没渠道，没未来，如果在这样的情况下单打独斗，想要拥有利益最大化是根本不可能的。人们常说："生意是人做的，所以一定要和人产生关系。"让所有的人把你的生意当成自己的生意，让所有人为你的生意披荆斩棘，竭尽全力，这时候你反倒可以轻松惬意地享受温暖的阳光，如此远眺世界的感觉，每一天都是精致而美好的。

线下：如何打造场场爆满的招商会

或许当你看到招商会的时候，会觉得："哇，这得是多大一个场面啊！"眼下自己手头的生意，真的可以促成招商会场场爆满吗？很多开招商会的人都知道，一场招商会下来，需要企业面对方方面面的考验。首先到哪里去找人，其次怎么促成成交，再次，如何拥有更进一步的合作，最后，这些客户怎么快速地完成进一步的裂变。

我还记得2018年的时候，一个新颖的词汇激起了我强烈的好奇心。有人对我说："虽然招商会有千万种，但不如一场裂变会来得痛快刺激。"当时我的内心无比震撼，心想："这个裂变会到底有多强悍，究竟能够产生怎样空前绝后的价值呢？"当自己知道一场裂变会竟能直接收款1000万元的时候，我还是被它所带来的强大财富效能惊讶到了。裂变会就是代理到场的总集合，而这个集合，起初就是以爆单成交为目的的。大家聚集在一起，投钱做生意，一起推敲营销话术，一起完善运营系统，一起提升成交业绩。在这样的气场下，所有人渐渐成为一个共赢的完美整体，而这其实就是新时代营销策略的基本原理所在，财富与人心心相印。

在传统的老行情时代，获客实在是太难了。为什么这么难，因为你的想法和别人没有关系。但是如果此时你能够提前优化一下自己的利益共同体，将所有的生意，都跟别人的利益关联，那么结果说不定就会很不一样。

可是，为什么这样简单的方式，在平时作用不大，而在两天两夜的裂变会上，效果就会很明显呢？其中有一个特别大的点，就是PK，把代理分组，然后每一组选一个组长，分组PK业绩，每隔一段时间，报一次单。在这种氛围中，大家都把所有能开发的客户，全部开发了一遍。之前，因为面子问题，不好意思销售的，也都在这次会上成交了。

总体来说，裂变会的关键词，就这几个，一个是列名单，一个是精准话术，一个是分组PK，再一个就是促进现场订货的短期促销措施。微商的会销，应该说很多品牌玩得都很好，但是大部分是以刺激订货为主。这个的短期爆发的威力巨大，但是会影响长期发展。

如果这时候一味地钻牛角尖，你就是再努力，结果也是事倍功半，但是如果你能够利用好手头的智能化工具，那么所产生的效果就大为不同。例如，你可以通过建立自己的App，提前设计出一个邀约功能，到时候需要邀约，就几个人动动手机群发，如果以一个人管理3000个好友计算，十几个人，也就是3万多个精准客户。如果这3万多个精准客户里，有那么1000多个对招商会有兴趣，1000个人里，有200多个人成交，那么毫无疑问，这场招商会就是一场很成功的招商会了。打电话、费口舌，也未必能把问题讲清楚，通过群发先把这件事友好地通知对方，如果对方有兴趣，自然会打电话找你。

邀约问题解决以后，就要提到红利问题了。你让人家来，起码要让对方觉得不虚此行，能够真正得到实惠。这里就要谈到让利问题了，你可以说，如果您来参加我们的招商会，来了就有产品相赠，而且可以享用一顿丰盛的午宴。如果您决定做我们的代理商，那么只需要购买3980的产品，而我们返给您5000元的积分。此外还有抽奖机会，只要中奖，就可以拿走价值上万元的苹果手机，还有资格享受我们的股权和分红。看到这么优惠的待遇，作为想买东西的人，肯定想去，去一趟怎么都不赔，而且还能狠狠地赚一笔。这么好的事儿，能去肯定要去。于是，鱼饵加精准发布，效率自然事半功倍。这样一来，来的人多了，决定签约的人也有保证了，剩下的就是现场发挥了。

于是，灯光、场景、团队驻场、专家效应、知识普及、创始人讲话、亲身体验者以身试法、工厂流水线全角度播放……总而言之，只要你想展示什么，招商会就可以有什么。只要场面宏大、热烈，演讲者情绪高昂，消费者跃跃欲试，整个氛围都友好而活跃。等到真正让红利的时候，再适度地给点惊喜，所有的节奏感，其实都完全可以在专业者的组织下有条不紊地推行下去。于是购物的人签单了、买单了，觉得自己赚了。为了收益最大化，他们决定兑现承诺帮你裂变出更多的代理商和粉丝。所以，你想想，对于这次客户的成交量，对于下次招商会的业务膨胀速度，如果真的能有效地加以运用，客户流量的变现和裂变速度就会成倍增长。为什么这么说呢？因为你的流量池已经在运营过程中产生基数了，而这些基数还在潜移默化地制造价值，裂变出更多的流量客户。如此这样不断地赋能，眼前的客户数量就会逐渐构建成庞大的裂变体系，这也必将从另一个侧面，促进招商会的成功举行。对于促成这件事，我们只需要找准相应的策略，用对方法，锁定工具，便可一锤定音。事实上，对于一个企业管理者来说，这一切并不是多么困难的事情，正所谓天下事不求为我所有，但求为我所用。只要找对人，只要寻对路，只要眼光足够精准，只要切实用对工具，那么所有的成功，就都是手到擒来的事了。

线上：线上招商引流，开拓新天地

曾经有一个朋友说："以前办一场招商会，至少能赚个一两百万元，现在到哪儿哪儿关门，事业完了。"听到这话，我对他很同情，但我问了一句："那你真觉得一点办法都没有了吗？""能有什么办法？"朋友问："找店面，店面没生意，找代理商，代理商不出门，你说还有什么生意？"听了这话，我摇摇头说："你还是没开窍，谁说招商会就只能现场开，思路要开阔一点。"

其实在此之前，我也有这样一个合作伙伴，本来开张的时候生意一片大好，刚刚发展了代理商和门店，结果疫情一来，想做大的希望眼看就要化为泡影。于是就想到了以直播的方式来带货。起初生意也不太好，有时候直播间里的人屈指可数，于是就想到了发展代理商和自己一起卖。结果自己也开直播，代理商也开直播，虽说每个代理商直播后带来的回款都只有两三万元，但积少成多，几百个代理商一起努力，回款加起来也是一笔相当可观的收入。于是他们就想，眼看代理商也发展了这么多人了，他们手里的客户也多少有一些了。与其这么各自辛苦为营，不如把大家召集起来，做个线上招商会。把整个虚拟排场搞得高大上一些，把所有的代理商都召集在一起。这样一场招商会下来，代理商赚的钱多，自己的裂变效应更强，不是也挺好吗？

那么究竟怎么运作呢？最重要的是明确招商目的。起初大家都是做实体店的，虽然招商会的载体不同，但内核都是一样的，那到底该怎么办呢？首先，在信息传达上，要提前5天进行预热，文案+图片+群二维码，所有的招商小伙伴都要协同作战。我们先要在所有可能参与招商会的客户面前混个脸熟，要杜绝到时候在线的对象全部是一些自己不了解的陌生面孔。如果遇到这种情况，这类人可以在会议开始两三个小时前，再邀约他们进群就可以了。

再次就是线上招商会流程的规划。线下的招商会怎么精彩，线上的招商会就要更加丰富多彩。主持人、主讲大咖、路演、优势、投资回报、成功见证、疑难问题解答，一个都不能少。除此之外，还要有更丰富的场景效应，如直播工厂生产流程、企业的丰厚实力、创始人对品牌产品的深厚情怀、那些受益者是怎样通过品牌的舞台兑现了更美好的希望。在整个流程中，有主持人，有主讲人，有助理，有天使。主持人负责介绍；主讲人负责项目分享和问题解答；助理负责与粉丝互动，发送图片、链接和红包；天使主要负责活跃气氛，添加好友，对客户进行跟进。整个流程，就好像是一部精彩的情景剧本，将每一个细节落实到位，力求在每一个环节都做到无可挑剔。这样一来，既可以调动粉丝的积极性，又可以更大限度地促成裂变和成交。

完成了这些流程，那么接下来，就到了线上成交和后续跟进部分了。线下招商会，我们完全可以把成交设计成全款。线上很多信息传递不对称，因为受到环境的限制，所以在设计成交时，就要提前锁定有意向的客户，只做预抢位，标准设置是定位费1000元。

那么1000元会给到哪些收益和权益呢？里面有两种权益是必须设计的，一是线上加盟优惠设计，免加盟费，免管理费，送开业礼包。二是定位费额外价值，到公司考察提供食宿，加盟充抵1万元，加盟报销交通费用，未加盟送等值产品。这1000元的定位费，是有时间限制的，一般来说，为6月。这个过程中，我们可以发公司的账户、二维码，一旦收款成功，就跟进一个红包。席位也是限量，抢单限时的，报单可以重复刷屏，还可以承诺7天无理由退款，整个招商会结束半小时后，自动解散群。

一切做到位以后，客户就开始打款了。线上招商会的好处就在于，可以在平台上拉到更多的人，有更多人愿意足不出户地享受招商会的贵宾待遇。照着上面的优惠条件，愿意打款的人还是很多的。1000多人的招商会，定位费算下来也是一笔可观的收入。

此外，要想事业落地，还要设计一些有价值的增值服务。例如，只要你交了1000元，拥有了我的准加盟商资格，就可以免费获得创业辅导一年，然后再附赠价值1999元的产品，或者是消费代金券，12个月进行有效分配。这个设计最主要的目的就是降低客户的风险。即便客户最终没有成为你的加盟商，在某种意义上那也是你的潜在客户。如果可以保持12个月的长期黏性，或许以后还有更大的成交机会。产品和服务消费的优惠资格，就是指交了1000元的准客户，在一年的购买后续中，购买任何产品和在线下实体店经营的商品，都可以享受VIP顾客的优惠。除了这些以外，我们还要设计一个踢单环节，做出出单承诺。等到疫情结束以后，就可以给对方一个参与年会、大型线下招商会，或者是创业训练营的免费资格。

这样一来，一场线上招商会下来，进来1000多人，成交1000多万元。于是，我的这个合作伙伴对我说：“现在只需要加强团队管理，随时随地就可以开一场别开生面的招商会，这么看，赚钱其实也没那么困难啊。"

面对困境，只要重新整合思路，说不定就有更多的愿景和机遇摆在眼前。如今工具是现成的，人员是现成的，甚至粉丝也是现成的，关键看你怎么将一切整合到一起，变成一桩自己做主场的生意。

裂变营销：私域流量裂变模式全解

裂变模式5.0

创客裂变——你的利益共同体搭建好了吗?

第七章

先提个问题,除了卖产品,我们还能卖什么?
产品只是媒介,别人因它看到了你的模式
撒豆成兵,引领消费的永远是欲望

先提个问题，除了卖产品，我们还能卖什么？

现在让我们思考这样一个问题，如今的营销市场，如果给你一个更为宽广的平台，除了卖产品以外，你觉得还能卖什么？这时候有些人会说："卖货就是卖货啊！除了卖货，你说我还能干什么？"如果你的答案只有这个，那么我想说："如果一个企业，眼前的格局只有卖货，在当下这个产业裂变的时代，想真正活下来，估计都很难。"当一个人将眼光局限在一个点上时，那么毫无疑问，他所放下的将是整个世界。但倘若一个人能够将眼光放宽，看向更辽阔的远方，他就会意识到，原来自己可以做的事情实在是太多了。

我经常跟身边的客户说："如果你只想让一个人掏钱买货，或许那不是件容易的事。如果你想要让他掏钱给自己买一个美好的未来，那他多半都会欣然接受，因为这才是他想要的东西。"正所谓："你生意好不好，跟我没关系，但是你生意好了，我也能赚到钱，那我倒是愿意参与。"所以，要想让自己的企业有美好的明天，首先就要将手里的货和别人的未来产生关系和连接，甚至卖货只是一种常规的形式，而真正售卖的却是别人的幸福、未来和希望。

同样是做生意，有人眼睛只盯着货，每天想的是怎么把货做得尽善尽美，然后卖出去。有人想的却是卖前途、卖愿景、卖未来、卖思维、卖模式。他急切地想要向身边的人推广自己的思路和模式，让他们意识到这一套模式的收益和红利。他迫切地想要赢得更多人的尖叫和认同，想让所有人都参与其中，与他一起风风火火地赚钱。他为每个人都量身定制了属于自己的愿景和前途，并告诉他们只要这样做，就一定能够拥有美好的未来，就一定可以获得富足。此时的他看似是在做生意，其实更像是个预言家，每天都站在真实的视角预测未来，而且每一次预测都精准。想想吧，如果身边有这么一个人，如果他向你推广自己的模式和想法，而且身边的人一个个都成功了。我想无论是谁，应该都不会错过这个难得的机会吧？

以前的人，和你做生意，是因为看上了你的产品，看中了你的品牌影响力。现在的人和你做生意，主要是为了成就自己。他们在生意中看到了未来，看到了希望，看到了自己理想的实现。这一切，最核心的重点就是你给了他们一张地图，给了他们一个机会，给了他们一个起点。你告诉他们怎样一步步走向自己的目标，怎样规避不必要的弯路，怎样以最快的速度将财富不断裂变，怎样运营自己的人生和事业，怎样将身边所有的资源进行整合，怎样开源节流将当下的产业形成规模。

有了这一系列的规划和愿景，跟从的人会很兴奋地活在未来。他们生命的每一天，都在试图一步步地走向明天，每一步都更靠近目

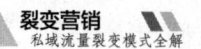

标。这一切都基于你对他们财富的管理，也使你的事业不断壮大。此时你的事业成为别人事业坚强的后盾，你的发展成为他人心中最强烈的期许，你的成就就是别人最渴望看到的事情，而你售卖的一切产品、思路、想法、模式，别人都会毫不犹豫地照单全收。因为他们知道，如果此时不尽快采取行动，说不定晚一步，就蹉跎了一生。所以现在问问自己，除了卖产品，你觉得自己还能卖点什么？生意的价值所在又是什么呢？倘若我们的终极意义不再仅仅只是买和卖的关系，那么或许在这一进一出之间，还应该有更宏大、丰厚的红利，如洪流一般，奔涌着朝梦想涌来。

产品只是媒介，别人因它看到了你的模式

  过去的人做生意，认为自己只要有货，就不愁没有市场，而要想开拓市场，只需要把货的质量和创意经营好就行了。如果想扩大知名度，那就以货的名义打广告。只要大家知道货的存在，那么接下来就是利用别人找上门来的渠道，去卖货就好了。或许以前我们会觉得，货就是一切，就是自己手中真正的资本，只要货在，钱就在。但就现在这个时代而言，即便你手中的产品质量上乘，即便你的创意足够完美，但倘若此时的你在运营上模式不过关，不能精准地锁定客户、裂变客户，不能建立起自己的私域流量利益共同体，那么毫无疑问，你最终所能赢得的收益，很可能也只是凤毛麟角。

第七章 | 裂变模式 5.0　创客裂变——你的利益共同体搭建好了吗?

对于现在的商业市场而言,不是不需要产品,但产品未必就代表直接的经济效益。从这一点上来说,产品只是一个连接消费者的媒介。销售完成以后,企业与消费者之间的关系并不意味着走向终结,而是刚刚开始。后续的利益共同体架构、粉丝裂变,以及一系列的体系服务建设、股权分割,所有的一切,才是后续剧目中的重头戏。换句话说,别人选择了你的产品,很可能并不是因为你的产品高端,而是因为他通过产品洞察到了一个有利于自己发展和赚钱的模式。因为觉得你这套模式能够给他带来更多的盈利,所以才会愿意投入更多,与你并肩作战。所以,好的产品要想走向市场,好的运营模式是必不可少的,那么怎样有效地优化自己的运营模式,让一切有条不紊地推行呢?看看下面这个我经手的案例,或许你会从中得到一些启发。

一家企业成立于2018年6月,半年时间就赚到了5000多万元,12月31日当天销量就高达300多万元,截至2019年6月1日,一整年的时间,它线上的交易额是1.13亿元,线上与线下加在一起是2.5亿元。

作为一个创业公司,一年想要卖到过亿元,除了爆品的支持、品牌的支持、推广的支持、门店的支持以外,销售团队的支持也是不可或缺的,但这仅仅是传统思维中的一个固化的模式,以至于我们总是觉得,一切已经具备,只欠一个东风。但是如果看了这个企业做大做强的经过,恐怕你就不会觉得那么的困难了。

这个企业成立之初资本接近于零，既没产品，也没渠道。在一次营销模式课中，这个企业的老板认识了一个二级代理商，开始从他那边拿货。他用460元钱进了货，并且注册了自己的品牌和公司。所以，从品牌优势来说，他也基本没优势。当时他用来推广的费用，也根本为零，甚至连想都没想过。为了节省开支，他找了一个开公司的朋友，给他免费贡献了块场地，他的生意没有门店，销售团队也只有两三个人。他不给员工发工资，而是承诺给原始股。结果他利用裂变做起来了。

其实，这样的事情太常见了。之所以出现这样的情况，主要原因在于，如今的时代已经不是货品的时代，而是模式的时代了，谁掌握了平台，谁就拥有了一个专属于自己的空间。谁能够最大限度地优化整合资源，谁就可以在资源裂变的浪潮中源源不断地获得红利。这个时代，从来不缺货，消费者货比货的时间，超不过3秒，而真正能够吸引人的是你手中的模式和资源。从这个道理上来说，如果你的格局足够宽，把握的角度足够精准，那么不管是机制建设，还是格局建设，找到可靠的助力，在商业浪潮中做到无往不胜，或许并不是一件多么困难的事情。

撒豆成兵，引领消费的永远是欲望

韩信是我非常崇拜的军事谋略家之一，他打败了强敌项羽，帮助汉高祖刘邦成就天下。据说他兵法的应用能力超过了诸葛亮，但这并不意味着，这样的人才就能赢得领导的信任。他的一生中，曾经被夺了三次兵权，但神奇的是，他总是可以快速扩大军队。不管是新兵、老兵，到韩信这里只要稍微一训练，就立刻会变成虎狼之师，那么他究竟是怎么做到的呢？其实这位了不起的人物当时的做法，真的很值得我们这些新时代营销人借鉴。

起初韩信从刘邦那里接管的都是老弱病残的人，但即便这样在韩信严格的军规训练下，这3万人却成功打败了赵国20万的精锐部队。为什么呢？因为他的计谋战略能够精准地落实到位。他知道怎样以最少的兵力，经营最大的事情，他知道如何整合自己的资本，尽可能吞下最大的蛋糕。他知道怎样将自己手中有限的兵力无限裂变，它知道怎样建立有效的利益共同体，将所有能团结的人全部团结起来。

当时韩信打赵国的时候，手里只有2000兵力。用2000人去打一个国家，这简直是一件痴人说梦的事情。结果韩信用了一个策略，在短短15天内，将手里的2000人，裂变成了3万人。他到底是怎么做的呢？

首先他派发给这2000人足够的钱，让他们回家，并约定15天后回来。如果谁能带5个人回来，就升为伍长，谁带10个人回来，就升为十夫长，谁带100个人回来，就升为百夫长，这样以此类推。这些人带着这么多钱回去，当然在乡里乡亲面前很有面子，于是召集兄弟们吃饭，跟兄弟们说："眼看现在世道兵荒马乱，吃了上顿没下顿也是死，不如干脆参军，搞不好还能当官。"于是大家纷纷跟着老乡来参军，原来的2000人，迅速就裂变成了3万人。作为大将军的韩信，再进一步地完善自己的教育和训练体系，在自己的圈内优化规则，于是3万人便很快成长成训练有素的精锐部队。就这样，经过韩信资源整合后的部队，又从3万裂变成了30万，于垓下与刘邦、彭越、英布大军会合，一举击败项羽。人们都说韩信到哪里都有撒豆成兵的本事，但其成功的根本，就是看清了裂变效应的核心，建立起了利益共同体和强效的体系晋升机制。这不禁让我想到了我们当下创客裂变的核心体系，虽然从应用上与韩信分属于不同的体系，但思路却都是一脉相承的。

很多朋友问我，现在自己的资源有限，所能调配的人员有限，产品类别有限，所能花费的成本有限，但眼看市场就要被别人占据了，自己有什么办法快速地裂变客户，建设属于自己的生态圈呢？自己又该以什么样的方式，快速地培养团队，裂变出无穷无尽的精准客户呢？究竟我们应该怎样创造自己的营销思路和方法，并且让身边的所有人都买账呢？我之前说过，生意是人做的，所以想成就生意，首先要站在成就人的事业之上。也就是说，你想干成自己的事，首先就要让自己的生意存在利他性。我不仅仅是要成就一个生意，还为了成就你，成就跟我一起做生意的所有人。这样完善下来，利益共同体就很快建立起来了，每当别人看到你的时候，首先想到的就是跟你合作所能赢得的收益，于是你眼前的路就不会有任何障碍，别人会为你的成功喝彩，因为你成功的时候，他也成功了。

古时候，人们在形容韩信的智慧时，用到了撒豆成兵这句成语。在当下社会，如果你能够真正意义上将资源整合起来，将手中的体系模式完善起来，将所有可以利用的机会有效地进行利用，那么就算在别人看来，你的资本是有限的，也足以让你由点成面，找到更多愿意一起赚钱的伙伴。利益共同体的核心就在于你能够在自己赚钱的同时，让别人真金白银地看到实惠。这种实惠，是可以让他人在获利的同时，让自己的资本不断叠加翻倍的。人们会在看到你的成就的同时，全然地欣赏自己的成就。此时的你，俨然就是一个指点千军万马的将军，即便是遇到再多的挑战，只需调整好自己的模式，撒豆成兵的本领你也能练成。

裂变营销：私域流量裂变模式全解

裂变模式6.0

粉丝裂变——圈粉无数，寻源有路，"渔"多，"鱼"才能更多

第八章

如何圈粉，快速变现

内容为王，深度教育，你的玩法你做主

如何圈粉，快速变现

分享经济的核心，当然就是分享，而分享的目的，本身就是资源裂变（详见图8-1）。本来大家都是萍水相逢的陌生人，但因为一件事情走到了一起，为了实现共同的梦想，而成为品牌共同的拥护者，为了进一步完成自己的财富目标，而各取所需地完善整个市场运营机制，最终在一个公认的玩法中，自主创业，发展粉丝经济。这是一个圈人、圈粉，资本提现的过程，而整个过程都在优化的模式中得到了完美的体现。每个人犹如一个矩阵点，每一个点都可以组成面，而所有的面拼到一起，便成就了一个无形的浩瀚宇宙。谁能将这个宇宙整合，谁就能够快速获得利益。谁能将所有的人团结在一起，谁就能在团结共赢中创造属于自己的辉煌。

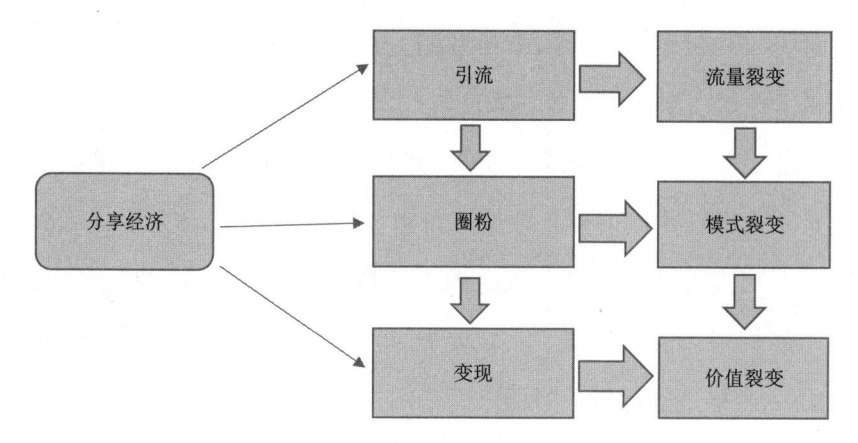

图8-1　分享经济的资源裂变

究竟怎么做才能让别人和你一起做呢？这些人又该到哪里去找呢？不可否认，这是一个十分重要的核心问题。谁解决了运营模式，谁就建立了属于自己的私域鱼塘；谁能够快速完成社群粉丝裂变，谁就最大限度地掌握了鱼塘里面鱼的数量。当然光有这些还不够，鱼塘需要不断扩张，鱼自然也是多多益善。管理鱼塘的人，首先要做的就是掌握其中的核心技术。对于真正的鱼塘主而言，要想赚更多的钱，就需要放开手，将权力放到能够有效管理这一切的合作伙伴手中。他们不但要掌握技能，还要与你产生亲密的纽带关系。你的任务，不是授之以鱼，而是授之以渔，让他们具有独当一面的能力。

让所有人得到利益，这是共享经济的价值核心。那么究竟怎样有效地操作，才能最快速度地达成目标呢？看看下面的案例，希望能够对大家有所助力。

当你吸收了很多粉丝以后，这些粉丝究竟该怎样有效利用呢？说到底，无非就是利用我们的个人微信号，但如果你每天有几千个数据，究竟应该准备多少个微信号呢？

避免被封号得从注册微信号开始，这里注意以下几点：①必须使用手机卡流量注册，不能使用Wi-Fi；②必须从应用商店或者官方网站下载微信；③注册之前每个手机提前保存20～40个联系人，尽量不要重复；④选择在不同的位置注册，每次注册距离大于1.5公里，每次注册时间间隔大于20分钟，一天之内不要超过20个；⑤注册时，设置的密码不能相同，或者相似，一定要做到随机，无规律性；⑥注册好之后，Excel表格进行标记，方便以后查阅。

当你注册了微信号以后，首先要进入一个7天的手动养号期。每一个小号都需要添加满足解封条件的微信号为好友，并且要3个以上，用以增强小号活跃度和封号之后的解决方案。

每天随意浏览一些功能界面，只浏览不操作，可以转发一条正能量腾讯新闻，或者转发一条朋友圈，不做任何描述，单纯转发就行。每天不定时地发一条随手拍的生活类朋友圈。在浏览朋友圈时，可以转发一条，同样不做描述只转发内容，不得包含广告成分和敏感字段。手动进行互聊，最好可以有图片、语音信息。

7天手工养号期过后，就会进入20～30天的批量养号阶段，批量化养号就是使用群控系统，在后台设置成自动运转模式，去模拟上面说的手工养号方式。设置好后系统就能一直自动运转了。20～30天后这批号就可以正常给销售人员使用了。

你看，我们上面说到了三步，实现批量化注册后，首先进入7天的人工养号期，其次是20～30天的批量养号期，最后就可以正常交给销售使用了。这就是一套完整的批量化养号流程。这个和之前的电话销售团队是类似的，只是我们把客户全部沉淀到了个人微信号上面。

人们常说，这个世界上，两个没有利益关系的人很难建立关系，而但凡是建立关系的人，多半是在利益和价值取向上达成了某种一致。事实上，社群的存在价值在于它可以通过一个小小的行动，让自己的关系网络源源不断地裂变扩展，将身边的陌生人，聚合成自己的客户群体，然后带着利益价值的期待，融入自己的粉丝洪流。从此，流量成了裂变营销中最核心的内容，而这种内容将随着企业平台的建立，成为一种私域的资产，它将源源不断地裂变成为更大的资产，成为当下企业互联网产业转型的核心价值和重要的红利基础。

内容为王，深度教育，你的玩法你做主

产品虽然是个媒介，但毫无疑问，它是需要塑造的，是需要内容的，是需要故事的，是有生命力的。除了必要的粉丝裂变和红利诱惑以外，更重要的一个核心，就是完善好分享经济的核心任务。在分享中对所有的用户进行深度教育，将自己的产品理念渗透生活，让所有的客户，在黏性化产品连接中，对平台产生眷恋感，并最终长久地关注平台、关注企业，愿意更进一步地对产品进行深入了解，对企业的文化进行更全面地认识，愿意更进一步地体验产品带来的内涵生活。这一切，最核心的要素就是内容，谁把握了内容，谁就吸引了大众。

现在很多企业人都在犯一种错，觉得企业在这个时代需要改变，也热衷于参与改变，但每参与一项改变，前面的一项就会顺势被抛到

脑后。那么究竟怎样才能让手里的资源不会一个个丢失呢。其实也很简单，那就是在自己的身上背一个"箩筐"，将所有的资源，全部整合到这个"箩筐"里。这个"箩筐"就是你的平台，当你将所有的资源全部都放置在平台中成为一个完美的系统时，毫无疑问，你的盈利会越来越多，企业也会越来越大。为什么很多企业客户忠诚度不高，为什么产品那么好，客户都不愿意分享？企业的优势又究竟在哪里呢？产品的竞争优势在哪里？品牌优势、技术优势、价格优势又在哪里？因为你对这些讲不清楚、说不明白，别人就不能深入了解，所以自然对你的产品没有信心，客户不关注，伙伴自然也会越来越消极，最终团队开始分崩离析。

那么究竟怎样才能做好平台的内容运营呢？其实核心架构就是：知识+场景+分享+工具。

现在很多企业开展了自己的平台分享经济，并把平台内容做得风生水起。那么它们是怎么做的呢？

益生元是专门做益生菌产品的。很多代理商对益生菌的知识并不了解，向客户推广的时候，只能说："这个产品真的很好。"但好在哪里，却根本说不上来。如果再这样下去，粉丝经济肯定会受到影响，怎么办呢？于是他们在自己的App平台加入了知识普及板块，请专家来普及健康知识，让更多的人了解益生菌。他们推行的政策是，只要你能够从头到尾看一遍健康知识，回答上面相应的问题，就可以直接领红包。自从给了红包，很多粉丝的热情就开始高涨起来，因为每天发的红包数量有限，很多

第八章 | 裂变模式6.0　粉丝裂变——圈粉无数，寻源有路，"渔"多"鱼"才能更多

人早上起来就开始翻看这些健康普及知识，有人甚至看了很多遍，把这些产品内容背得滚瓜烂熟。这样一来，大家对产品便有了信心，不但自己买产品，还能深度影响更多的客户加入。

此外，还有一个专门做美妆产品的伙伴，在平台里放了很多跟美有关的课程。同时还设置了气质提升、服装搭配、时尚解码、社交魅力等一系列板块，提升自己平台的核心竞争力，让每一个进入平台的客户，都能受到美的吸引力。这样一来，产品让人美，知识让人美；内在要美，外在也要美；知识里面有美，课程里有美，字里行间大家讨论的全是美。这些专栏不但可以传播知识，还可以卖钱，这是经营粉丝最佳的方法和策略。这些内容不但可以在App上看，还可以直接分享到微信朋友圈，为进一步的裂变式营销做好充分的准备。

除了这些以外，粉丝之间的互动也是相当重要的。所以很多客户在App平台里设置了圈子，专门用来和粉丝互动。

有一个企业是专门做农产品的，于是以此为专题建立了自己的圈子。每斤红薯卖39元，它有自己的基地，所有的客户去基地参观的时候，都把自己的感悟和真实场景的照片，分享到自己的朋友圈。有的粉丝在朋友圈写诗，有的粉丝告诉大家，这些红薯真好吃，有的粉丝惊喜地告诉大家我家的红薯长叶了。想要建立口碑，就要给大家一个说话的地方，让所有客户都能看到，这就是客户资源整合全垒打的方式。

由此看来，要想生意做得好，平台内容少不了。内容准备得越充分，平台的内涵就会越丰富。当一个平台带着其特有的文化气息走近粉丝时，整个企业精神也跟着上升到了一个更高的档次。没有内涵的赚钱方式，是简单粗暴的，也是不能延续长久的。所以，对于一个企业来说，要想让粉丝得到深度的教育，想让大家一起来维护生意，除了经营产品以外，最佳的选择，还是要对自己的平台文化进一步优化经营。只有如此，自己的生意才会越做越好，粉丝裂变才会越来越强。既然我们都知道这是一个专属于分享的时代，那么除了分享红利以外，是不是也该担负起粉丝教育的使命呢？

裂变模式7.0

成交裂变——万物皆虚，万事皆允

第九章

人：流量裂变，碰到就一定要得到

货：体验式青睐，打造属于自己的交易闭环

场：找对时间，找对地点，找对感觉

人：流量裂变，碰到就一定要得到

从古到今，人的悲欢离合，总是和场景有着千丝万缕的关系。不论是回忆中儿时垂涎欲滴的一道美食，还是成年以后，面对别样风景的感慨。每个人的世界里，都有自己追忆的故事，每个人的生命里都有自己向往的生活。只是有些时候，此情此景没有触碰到他们生命中最柔软的地方，只要迸发出来，就绽放出别样的风姿、情感、向往和行动。

我们可以想象，人来人往间，每个人的神经都是紧张的，如果这时，你站在地铁上，突然手机收到一个视频：一个婀娜多姿的女子，穿着一身闲适的衣装，清早起来拉开窗帘，看着窗外妩媚的阳光，然后泡上一杯热腾腾的咖啡，安静地坐在一个放着淡雅绿植的圆桌旁，一边看书，一边享受着咖啡浓郁的香气。这时候一句广告语打出来："恬静的时刻，纯正的香浓，美好的早晨，从享用第一杯降脂咖啡开始。每天喝，够美、够健康哦。"想想看，忙碌到快要失控的当下，看到手机里恬静的场景，明媚的春光，与拥挤的人群形成了对比。对方手中的咖啡，似乎也从某种程度上，烘托着想拥有场景生活的浓郁渴望。于是，闭上眼睛，想着眼前的自己，心中伴随着场景的氛围，思绪飘飞，仿佛冥冥之中，自己就站在场景之中，享受着这样的生活，享受着咖啡杯里浓郁的香气。这种香气是可以让自己更美的，是可以让自己活得更健康的，是可以让自己获得更闲适的生活的，只要自己买了这杯咖啡，就等于与向往的美好生活更近了一步。于是，瞬间的冲动开始通过眼、耳、鼻、舌、身、意，充斥自己的脑海；于是，为了心中的向往，为了改变自己的状态，为了能够拥有这样的生活，哪怕是向前一步，也要果断地做出行动；于是，有了下单的冲动；于是，决定为自己的理想买单；于是，觉得咖啡的价钱已不再重要；于是，终于在场景的渲染下，心中迎来了非买不可的高光时刻。就在这忙碌的人群中，就在熙熙攘攘的氛围里，就在心中渲染的一刹那，谁把握了消费者心中的场景，谁就赢得了营销裂变的初步胜利，如图9-1所示。

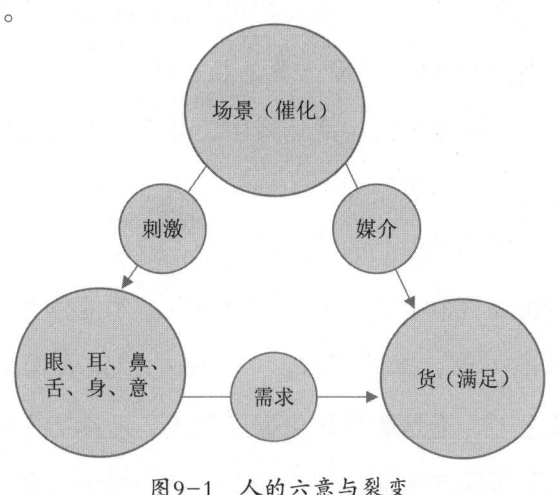

图9-1 人的六意与裂变

场景始终是连接人的，有了人的需求，才有了货。为了满足人对货的购买需求，才有了场。这个场不仅仅是为了交易，为了营造交易的氛围和满足进一步裂变的需要，就必须在场中制造更进一步的景，将人的感官全部吸引，全然贯通，将它们彻底吸入场景之中，然后再将场景中的一切一点点地复制到他们的生活内。于是，一步步地，场景从单一的购买，变成了重复的收看，又从重复的收看，变成了重复的分享，从重复的分享变为轮番的裂变，再从轮番的裂变转化成为价值的体现。每一步，看似不经意的传播，其实都是经过精密而细致的计算和设计的。

就场景来说，它始终都是跟人的感官联系在一起的。如果你不能通过这些场景的内容吸引到别人的注意，那么毫无疑问，即便你把一切装修得再好，也似乎跟他人毫无关系。所以，要想找到核心的消费群体，就要找到自己精准的目标客户群体，找到一个有大用户基数的场景营销环境，把产品和品牌植入自己编排的剧目中去。当然最关键的一点，就是要将节目场景中的人使用产品的感受和节目的主题彼此呼应，将场景与人之间的连接，变为自己品牌宣传的最佳方式。这时候再把产品融入消费者的生活场景中，让他们对眼前的一切产生向往。为了这份向往，为了心理上的满足，为了生命中的这份情怀，此时的消费者开始秉持着内心的理想和渴望，开始对场景中的产品产生兴趣，于是本能吸引，本能了解，本能引导，本能体验，本能分享，本能沉浸，本能下单，本能回看。一系列的追踪式指引，全都在场景的精准把握之下，于是购买转化彻底完成，后续衍生出来更多的内容，也都源源不断地产生催化作用。不单单作用于消费，还更深度地渲染出品牌的文化，从生活到格局，从模式到概念，场景获得全方位诠释。从某种程度来说，就是一种潮流时尚的引领，一旦印证了广大粉丝的心声，即便产品本来无缘爆品，只要场景对了，说不定也能成就出一个经典的爆品出来。

所以，不要小看了场景的设计，这一切看似自然，却不是取决于一般的知觉。现在的企业，面对营销策略这件事，已经越发理性了，凡是智慧的决策者，都会通过手机用户线上与线下场景平台的数据，锁定目标客户群体，制作用户画像，深入挖掘用户需求，为创造更多符合用户口味的融合场景提供数据积累。这样才能促进和完善品牌与场景的融合，提升场景与人连接的感官效应。

小米就是一个成功运用视觉场景营销的经典案例。首先小米的标志是选用"橙色"这一介于红与黄之间的色彩，也就是具备目标消费者偏年轻、富有获利灯色彩的意向之外，又具备了良好的视觉辩识度。

在商业标识化方面，选择"米兔"作为自己公司的卡通形象代言人，同时还推出了和米兔相关的衍生产品，如米兔系列玩偶、小米短袖等一系列的品牌产品，吸引了小米粉丝的注意，也进一步增加了小米粉丝的黏性。

其实，雷军本人就是小米的一张名片，各种雷军式的表情包，流传在各类社交媒体平台上，使小米形象更加深入人心，也从另一个侧面拉进了其与企业和用户之间的距离。依赖微信、微博等社交媒体软件直接宣传小米产品，在社交平台上定期制造出了各种各样的话题，再加上小米产品Logo的相关配图，最终形成了小米特有的简约、高彩度配色的精致特色。经过粉丝的转发、点赞、评论，小米的曝光率开始突显，点击率爆棚，也更容易激发消费者的浏览欲望。

　　由此看来，不管是感官冲击，还是声相冲击，抑或是意念、情怀、回忆，只要能够让消费者感觉出品牌的味道，引起共鸣，只要把握住了他们的痛点，然后声情并茂地用场景的力量，到位而精准地进行全方位地诠释，营销裂变就没有那么困难。看似是产品与人之间的交易，实际上完善的却是心与心的沟通。你需要什么我知道，你渴望什么我知道，你想要用产品赢得什么我知道，你的生活态度我知道，你现在内心的憧憬我知道，你最担心的事情我知道，你渴望推开家门看到的一切我全知道。这种全然的交心和了解，就像是企业与消费者之间无声的促膝长谈，当一个企业能够将场景、将对方心中的一切，用心地诠释，即便是没有很多的语言，想必也会有人愿意全情投入。因为这一切就是他的渴求，而人对于心中的渴求，从来都不是那么理智的。

货：体验式青睐，打造属于自己的交易闭环

　　场景是人、货、场的有效连接，无论场景如何变化，货这个关键内容肯定是必不可少的。所有的场景规划，说白了就是先把货卖出

第九章 | 裂变模式 7.0 成交裂变——万物皆虚，万事皆允

去，把货卖出去以后的跟进式效应，才是促进人的本能分享，裂变传播。如果场景造势半天，别人看得眼花缭乱，最终主角却被丢在了墙角，即便你场景做得再完美，那也是一个失败的造势。所以，场景营销，先是勾引人欲，再是用货满足人欲，然后是用场升华，源源不断地烘托造势，创造更多维度的空间，让大家根据场景进行内容消化，最终形成反刍效应。想的应该是什么？归根结底还是货。

所以，无论你想怎么打造场景，首先必须完成货与人之间的完美衔接，这样才能增加用户对产品的接触面，从而完成后续的支付，形成自己设计好的消费闭环，同时根据用户提供的与产品有关的信息，可以有效地促进下一个消费闭环的有效进行。这样一来，有货的场景才能进一步发生裂变，在不断地造势中，打造出自己品牌特有的营销模式。

如今营销产业，已经从过去的传统营销转化为互联网产业营销，其中核心变化，就是"以产品为中心"转变为"以消费为中心"，也就是说，以前的营销靠的是货，而现在货只是完成营销的一个媒介。尽管一切都是围绕着它来运作的，但核心价值，并不仅仅局限在货本身。因此对于眼前的产品，营销赋予了它更深层次的使命、意义和未来。毫无疑问，这是营销史上一个里程碑式的飞跃，它意味着营销的目的从物质理念转移向了精神意志，从产品完善转变成了心灵建设。这种转变历程，象征着营销品性的更高层次。所有的消费者都在这种深层次的营销模式中，将要求不断升华。他们看中的不再仅仅是产品的实用性，换句话说，他们要从产品中得到更多。

由此看来，"货"这个名词的要求，已经远远不是一个产品的概

念，它代表着一种模式，一种时尚，一种生活方式，一种人的精神世界，或者说它代表着更快捷、方便、富足和充实。只有真正意义上满足人的需求，它才会比同类产品存活得更久。

那么如何有效地拉近货与消费者的距离呢？在这一点上，星巴克的场景营销模式，就是一个相当不错的案例。

早在2009年，星巴克就试图将基于移动智能终端的场景式营销战略融入自己的经营策略之中。它将这一理念推进到了自己的购物场景中，以此来提升消费者更优质的体验效果。

2013年，星巴克移动端交易额突破了10亿美元，一共拥有了1000万移动支付消费者。这意味着消费者可以很方便地运用星巴克App进行消费。2015年7月，星巴克又宣布支持手机应用来订购咖啡，允许消费者到店自取。持有星巴克卡的消费者只需要进店出示二维码，就可以取走咖啡，避免了点单等一系列的烦琐交易过程。

由此看来，货这个媒介的主要责任就是担负其一定量的社交使命。社交的本质是人与人、人与企业的关联。社会化网络、移动互联网和大数据技术的完美结合，让货在诠释社交理念的时候，更为贴心、精准，这也正是场景营销造势之前所必须准备的。这个过程，就是变企业、产品或服务与消费者的弱性连接为强性连接模式。它从某种层面上，重新塑造了商业关系的运营模式，重新定义了商业规则，而其最核心的理念就是"去除唯我理论的中心化""消除不切实的中介化"。面对货、场景，我们不再需要打量无意义广告的暴力洗脑，而是主动选择自己适合的氛围和场景，心悦诚服地融入其中，对自己感兴趣的事务、产品，做出最开心的选择。

就移动互联网产业来说，它所赋予场景式营销的重要决定因素有以下几个：一是消费者的时间；二是消费者的空间；三是消费者的需求。时间决定了消费者是否基于连续的流量，来对自己的产品和场景进行重点关注。还仅仅是碎片化流量的偶遇，一个不经意的瞬间，使自己犹豫要不要将这个场景和产品引入生活。空间则决定了消费者欣然接受的场合。在什么样的场景下，他会第一时间想到自己的品牌和产品，迫不及待想要融入自己设计的场景。那个场合是什么样的，场所是什么样的，位置在哪里，而此时此刻他为什么会想到自己。是因为场景太糟糕，还是因为眼前的一切与自己的场景实在太相似了？他是因为对眼前的一切心生向往，还是对当下所经历的产生了挣脱和厌离。这一切所引发的购买概率究竟有多大。需求可以说是消费者选择产品的原因。究竟是刚需，还是场景引发了自己的情怀，抑或是追求刺激和新奇，还是单单觉得花出去的钱就是为了让眼前的场景好好鼓励自己。有了这些思路和数据基础，后续的场景营销计划才能更精准、更有效率。

场景可以是一个产品，可以是一种服务，也可以是无处不在、无时不在的身临其境的体验。伴随新"场景"创造，新的连接、新的体验、新的时尚、新的流行……层出不穷。这正应了那句名言："生活处处是场景，每一个人都生活在场景之中！"那么究竟怎样才能有效地完善场景与货之间的衔接呢？看看下面的几点，对自己是否有启发意义。

第一，注重细节

要想完善场景与货的衔接，首先要把货和产品的思路投射到生活中。我们需要关注生活中所有流量的价值取向。对于生活的向往，对于时尚的概念，对于追求的态度，以及在什么时候最渴望得到眼前的东西。有了这些数据的支持，再进行场景营销的时候，就会更有针对性，也会更生活化、细致化、精准化。当一系列的推敲，最终在每一个细节中得到完美的诠释，人们会很自然地将场景映射入内心。原因很简单，那就是他们心中所想，就是他们想要的生活。

第二，线上与线下融合

满足了消费者对消费的向往，接下来就要将线上与线下做到完美融合。线上可以用小视频的方式将产品进行深入人心的推广，而线下可以用各种活动和店面场景烘托消费气氛，让消费者一见面就会自然回放心中的场景。整个营销模式，在线上与线下保持高度的统一，所有的一切都在这个过程中，获得了完美的融合。线上对场景心驰神往，线下对场景恋恋不舍，有了这样的场景体验，相信想要实现消费引流，应该并不困难。

第三，巧妙融入产品

场景造势完善了以后，接下来就看怎么烘托主角了。很显然，场景中的主角不是明星，不是美女，不是优雅明亮的房间，而是这一切资源整合以后，烘托出来的货的魅力。我们要告诉消费者，眼下一切美好的境遇，都是因为货，只有你买到了货，才能赢得眼前的一切。如果此时你错失了这个机会，那眼前美好的一切也只能是看看而已。当消费者对于产品价值的概念精准定义在了这个层次上，毫无疑问，为了抓住眼前美好的生活场景，为了长久地拥有这种生活体验，即便是眼前的产品，并不是自己当下的刚需，只要自己负担得起，多半不会放弃。因为没有人会拒绝自己想要的生活，而眼前的场景正在无形中对它实行暗示："如果你当下拒绝了它，你就是在拒绝你自己。"

毫无疑问，移动互联网时代已经悄无声息地到来，而场景营销的模式也伴随着时代有了进一步的升级和转化，它的概念除了眼前的货，还有更多更深层次的含义。它标志着新购物时代的到来，标志着人们能够通过更便捷的方式购买到心仪的场景、产品，最大限度地满足自己的消费需求。这是一个被优化了的高效购物时代，所有的时间空间，都充满着别样的需求。更让人惊讶的是，这种需求随时随地都在进行，不论是在地铁公交，还是在去往咖啡馆的路上，越来越多的购物场景，正在以各种媒介和方式进入消费者的世界。作为企业而言，眼前的货怎样在第一时间打入消费者的内心世界，就场景这件事而言，是不是也应该有一个精准优化和测算呢？

场：找对时间，找对地点，找对感觉

场景营销的裂变，最核心的内容，就是一个"场"字。它是一个空间，一个无限延展的地域，一个可以不断渲染、填充、发展、表达的容器。这个空间越是空旷，里面可以做的文章就越多元化。多维度的场景效应再加上精准的大数据计算完美配合，总是能够给消费者带来一种众里寻他千百度，得来全不费工夫的感觉。精密的计算，让大家在对的时间、地点，借助产品的宣传媒介找到对的感觉。因为这份感觉来得自然，来得直接，就会让人们本能地聚焦在场景之中，成为场景中重要的一分子，在强烈的氛围渲染下，成为整个营销设计的配合者。除了购买，还有分享，除了分享还有红利，除了红利还有事业，除了事业还有理想，而理想的升华还可以继续延展，成为一种对世界的担当和责任。这些剧目一个个在场景中上演着、升华着，越是上升到一定的高度，越是能够获得无可估量的价值，而这就是场景营销在"场"中的魅力所在。因为有了场，所以有了场里的人。因为有了人，所以有了进一步渲染的剧情，因为有了剧情。便顺利完成了场景文化。因为有了文化，一切营销模式都焕发出了无穷的生命力。

其实场景这个词，起初就与"场"字有着不解之缘。因为有场，才有资本去填充里面的景。它本来是小说和影视剧中的核心诠释，说的是在一定时间和空间内发生了一些规划好的故事，里面的人物采取了故事情节下的各种行动。因为这些人是动的，物品也跟着动起来，里面的一情一景都在为核心精神服务，最终画面感越来越成熟，越来越精准。看似一切都是自然的，其实却是经过了一番精心准备和打磨的。它是一种场合、风景、社会环境与自然环境的叠加结合。因为有了它的渲染和存在，所有人物的情感流动和行为流动才变得更加鲜活，更加自然，更富有感染力。

在移动互联网时代，场景是建立在移动智能设备、社交媒体、大数据传感器、定位系统之上的整合式体验。它重构了人与人、人与市场、人与世间万物的联系方式。也就是说，在我们的生活中，有很多场景营销模式，都是无形地在线上运营完成的，而真实的参与者，就是企业手中拥有的真实的客户流量。这些客户流量，始终都在关注着你，关注着你提供给他们的生活，关注着你渲染出的场景，并将这些真实的感觉带入生命，分享给生命链条中的其他人，随后，你会发现自己所创造出的场景和空间，参与的人越来越多，大家秉持着各种期许和目的，在场景的渲染下，有了更为真实的心理活动和行为活动。他们开始分享生活，开始形成购买，开始彼此交流，俨然成为一个自然流动的情境社会。这个社会的成就者不是别人，恰恰就是企业本身。企业通过对场景的建造，进一步吸纳了更多的流量，提升了粉丝的活跃度，并打造出了属于自己的IP和文化。当这种场的文化开始在流量群体中发挥效应，成为他们生命中不可或缺的陪伴时，很显然，后续一系列的商机、价值和经营谋划，都将成为水到渠成的事情，如图9-2所示。

```
找对需求 → 找对体验 → 拿捏心理 → 催化行动
                    ↓         ↑
                      场景
```

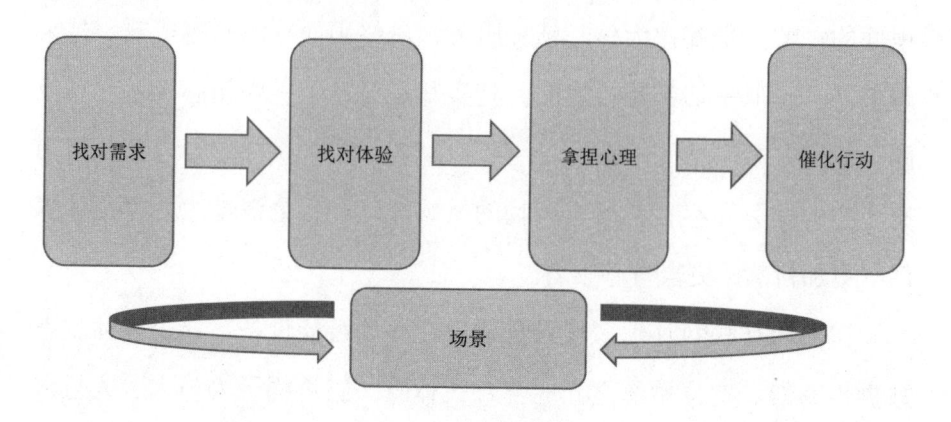

图9-2　场景与裂变

一个商人，专门卖辣子鸡丁，餐馆里菜单上的辣子鸡丁图片品相再好，也很难吸引到所有的消费者。但是他想到了一个主意，找到一个拍摄团队精心拍摄了一段视频：一个老人从农园里摘来新鲜的红辣椒，现杀了一只鸡，精心腌制。当红红的辣椒，伴随着新鲜腌制的鸡肉，一起倒入柴锅里发出"滋啦啦"的响声时，香喷喷的烟火气顿时从锅中蒸腾上来。辣椒的香气与鸡肉完美交织在一起，伴随着轻快动人的音乐，轻快地在画面中流转。此时，旁边柴锅里的新米饭也出锅了。老人把辣子鸡丁盛出来，对着镜头，一边儿吃着辣子鸡丁一边啃着白花花的大米饭，看着你满足地笑。此情此景，你说诱人不诱人。这时候下方打出产品信息："想吃就点，48元一份。"这段视频一经推出，整个App里的流量都爆炸了，大家将这个视频通过微信转发给亲朋好友，而看到这个视频的人，便开始迫不及待地打开App，非得要试试这个诱人的辣子鸡丁。很快，辣子鸡丁就成为他家的经典爆品，每天卖出去几千份，而且这个数字还在上升。很多人都在App平台上分享他们买回家后尝试的感觉。各种图片，各种感触，各种文字渲染，各种分享，于是场景营销瞬间变成了场景裂变，所有人因为场景的诱惑，不自觉地采取行动，迫不及待地想要拥有视频中老人的美食享受。这俨然成了他们看视频时，心中最直接，也是必须达成的执念和向往。

所以看看吧，不管你手里的是什么产品，只要场景用对，都有可能成为爆品。产品无大小，场景对就好。所有的人都生活在不同的场景中，如果你是那个场景制造者，毫无疑问你就把握了人的执念，你就能够撬动他们的情怀，你就能够引领消费，你就因此把握住了绝对意义上的流量消费市场。

那么究竟应该怎样经营好企业品牌产品的场，又该怎样布局企业场景呢？其实这件事也非常简单，只需要做对这几件事，那就是——找对需求、找对体验、掌握心理、催化行动。

第一，找对需求

需求这件事，不论是对于企业产品研发来说，还是对于进一步的营销推广来说，都是再重要不过的事情了。所谓无需求不成江湖，想要让别人跟你一起做，首先就要看清对方最想要的是什么。你想要，我这里有，不管你的需求怎样提升，我这里永远都能给你做到极致，既然我这里都是极致了，你还要去别的地方体验尝试吗？一旦这样的模式，深入人心，产品和营销策略打动想要完成场景模式下的一见倾心，爱不释手，就不再是一件困难的事情了。

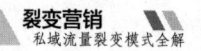

第二，找对体验

产品由粉丝给你分享出去了，你的画面感要足够吸引人，足够有现货的体验感。这种体验感未必真的就是在消费者触碰到产品的时候才有的，而是要在消费者看到场景的时候，就本能地产生反应。他们迫不及待地想要深入了解产品，融入场景体验，体验场景下声情并茂的生活。这时候你对他说："想要吗？把产品带回家，这个生活就属于你了。"这时候，产品体验的冲击力，后续裂变营销的爆发力，无需太多的渲染，有图、有场、有真相，一旦对方进入了场景，那么一切就都水到渠成了。

第三，拿捏心理

因为有了场景的融入，客户的心理便会很自然地受到影响，从而产生一种对美好的向往，将会迫使他们融入场景的洪流，这时候作为企业就需要更为精准地掌握客户心理，想想这些客户在不同心理状态下，又该怎么为我所用。有些客户可以用来分享，那就给他分享红利；有些客户直接作用于购买，那就渲染他购买的欲望；有些客户举棋不定，总想找到进一步的验证和说明，那就用丰富的内容去催他尝试，坚定他购买的信念。当然还有一些人，秉持着爱占便宜的心理，这时候不妨利用他的这种心理，让他在占到便宜的同时，不断地为自己带来更多的利润和收益。如此一来，所有的心理都得到满足，所有的心理都在场景中流转，所有的思想都在作用着品牌的红利和价值。这样的场景一旦建立，企业始终都是赚的。

第四，催化行动

心理上满足的最后一步就是催化行动。正所谓大场景中催化着小场景，不同的客户心理促成不同的行动，但这些客户行动必须是为我所用的，必须是能够为企业带来价值的。从一般时间成本计算来说，一个产品吸引到用户的时间，不过几秒。如果能够把场景渲染到位的话，很可能这种关注就会长时间地聚焦延续。此时就会迸发出各种各样的机遇和渴望，而人在渴望的作用下是最愿意采取行动的。不管是理性消费，还是非理性消费，核心就是让所有人把自己能为品牌做出贡献的行动落地。如果这件事能够成功，毫无疑问，后续的营销规划不论怎么做，真正的红利始终还是把握在自己手里的。

所以一个企业能不能赢，场很重要。大场景带动N个小场景，小场景下面又是更小的计划和场景，当场景在营销策略中不断裂变时，毫无疑问，这种场景所发挥的效应，不仅源源不断地作用于消费，还会深化延展到企业的发展之中。当所有的能量在场的聚合下成为一个强大的整体时，我们不得不说，这不论是对企业，还是对企业场景营销下的所有人，都将是一个互惠双赢的契机。这样的契机越多，获得效益越丰厚，企业的未来就会越好。这个时候，掌握流量的企业，随着流量滚雪球式的不断膨胀，打造全新的模式，也随时可以一呼百应。这种造势不但会获取更丰富的利润，从延续品牌生命力的角度来说，它所创造的收益和价值必然是无穷无尽的，不可估量的。

裂变营销：私域流量裂变模式全解

裂变模式8.0

金融裂变——优化赚钱模式，开源节流所辖无敌！

第十章

"破局重设"，只为打造自己的战略思维

数字资产也是资产

"破局重设",只为打造自己的战略思维

现在,大家都喜欢说"破局",就是打破原来的局面、突破原来的层级。实际上,人的思维是有一定层次的,当遇到一定的问题时,一般都需要提升自己的思维层次,才能够有效地解决问题。这样的场景你肯定在生活中遇到过:

你很忙——天天要加班——状态非常差——心情很糟糕——效率非常低——变得更忙碌。我们明明做了很多努力,可是自己想要的结果却一直没有得到,就像是我们从小都知道的例子那样:一头驴一直推磨,只知道一个劲儿地往前推,但是仍旧在原来的位置上做着重复的事情。怎么破局呢?破局的角度有很多,接下来就选择其中的几点进行讲解。

第一,"四维"立体破局

其实,我们每一个人都是生活在自己设置的"局"之中,也就是"惯性思维"之中。猎豹创始人傅盛曾经在"认知三部曲"中对此

第十章 | 裂变模式 8.0　金融裂变——优化赚钱模式，开源节流所辖无敌！

进行过描述，很多人根本"不知道自己不知道"。要想打破这样的局面，首先就要知道局面是什么样的，也就是要看看自己的某个方面是不是陷进了"低认知"的死循环之中，之后便可以循着这样的认知，找到其中的关键链条，将它们打断之后进行重新塑造，从而让这些被打断的内容能够进入"正向循环"的发展轨道。要将正确的赚钱模式构建起来，就要将原来的错误认知破除掉，建立自己的战略思维。有的人不知道自己当下的局面是否需要破除，这个时候就需要精准判断了，可以对自我问两个问题：

一是问自己对当下的状态是否满意；二是问自己，这样的循环对自己是不是有益处。像上面所说的，工作"很忙"且情绪不佳，而后导致工作更加繁忙，这就是一个典型的对自己不利的负循环。

如果这两个方面均不具备的话，那么下意识地去对"破局"的方法进行找寻是非常有必要的，改变的前提是自我对这方面有清醒的认识。基础层面上有一定的清醒意识之后，大脑才会对自己的状态进行刻意调整，继而使自我行为改变。也就是说，要打破局面就要将负循环的不正确状态打破，如原来你非常忙碌，忙得没有时间进行思考，现在你每天给自己设定一个固定的时间段对每周的工作情况进行反思优化，以及对下周的核心内容进行规划等。如此，你便会一步步地朝着正向的状态迈进。

但是，只有这样的正向行为是完全不足以打破局面的，还亟须将新的认知架构搭建起来。我们在鼓励别人的时候，经常会说的一句话应该是"好好加油和努力吧"。大多数人并没有思考"好好加油和努力"是不是能够起到作用。要对勤奋是否有效进行判断，可以将其划分为4个认知方面：一是低水平的勤奋，二是方法论的勤奋认知，三是认知包含一定的小目标和核心，四是认知是有战略和有执行，以及具体规划的。

在第一种状态之下，个人除了能够自我感动之外，并未获得极大的提升。这也是很多人的意识当中所处的一个层面，认识到加班没有效果，却还不认真反思，继续这样的状态。在第一种状态的基础上，加入一些方法论层面上的勤奋，会在工作当中找到一定的有效方法，使自己的忙碌和劳累获得稍许缓解，就进入了第二种状态。这种勤奋状态的人，在遭遇难题的时候，知道借助他人来解决。第三种状态大多在工作场景当中运用。自己的工作有一定的计划和目标规划，并且具备基本的认知水平，领导并不需要天天对之进行督促。然而，这样的状态使自己仅仅在自己能够掌握的圈层内活动，倘若脱离了相应的圈层，便没有办法应对了。第四种状态是对战略方向有一定的认识，也就是做这件事情是为了什么，将来要达到什么样的效果，并且明白自我核心竞争力是什么等，基于这样的认识去做事情。

以上所说的这四种状态，在我们实际操作当中可以借鉴，对自我进行对标，觉察自我的认知架构立足于哪种层面。在这里，尤其要说明的一点是，要想破局，基础认知起到关键性的作用。所以，我们在对某件事情进行抉择的时候，不能仅对其"表层"加以探究，更要对其背后的实质进行反思，才不会使自己陷入负循环的困境之内。

第二，层级破局

我们都知道，人是一个复杂的系统。同样，人的认知体系也是极其繁复的。我们的大脑每天要接收非常多的信息，要聆听各种想法等，尽管接收到了很多有用的资源，然而也会使得大脑陷入混乱的状态。因此，我们常常遇到的一个问题是，当我们下定决心去改变一些方面的时候，过了没多久，又回到了最初没有秩序的状态，常常在中途就停止努力了。

大多数人处于这样的状态，是因为对自我付出的努力没有充分的认识，甚至是在长短期博弈当中面临着无法抉择的问题，就算自己想要打破局面，但是状态也是非常迷茫和纠结的。尽管当下遇到的问题就像一团团迷雾，让人没有办法轻易发现其根本性质，然而正是因为大脑有着非常复杂的思维特质，所以在思考和做决定的时候，仍旧可以遵循一定的逻辑。

从层级这一视角出发，去打破局面，有益于将我们的认知水平提升上去，继而更为体系化地去解决遇到的难题。这些层级可以被划分成4个方面，也就是价值观、能力、行动及环境。

在这样的思维层级之内，每个层级的反思均会对之后的层级形成明显的影响。更高层级发生一定的改变，会使得下面的层级产生与之对应的变化。也就是说，层级比较低的方面遇到的难题，是比较容易被解决的，在日常活动之中，我们大多遇到的都是低层级因素造成的难题，也就是环境和行动这两个方面的难题。通常来说，在低层级中遇到问题的时候，向着高维度去寻求一些处理方法，会非常有效果。

借助简单的演绎，便可以知晓，上一层级的思维模式会对下一层级的思维模式产生直接的影响作用。当我们梳理清楚这样的层级思维之后，由高到低对思维进行重新建构和界定，那就是真正的思维层级突破了。所以，从这样的视角出发，我们不会将解决贫穷这一问题的方式，置于节省支出这一层面上，而应当努力去将自我能力提升上去。这样自己所处的环境，也会对自我发展更加有益处，继而使得个人发展迈入正向循环，真正打破原有局面。

数字资产也是资产

曾经和一位老板聊天，他说："现在虽然我已经开发了自己的App，但是说实话，我现在依然感受不到数字化时代带来的那种翻天覆地的变化。我始终觉得产品才是王道，如果产品质量不好，什么流量、资产，全都是一些虚无缥缈的东西。"我当时听了以后，笑笑说："数字资本难道就不是资本了吗？在我看来，你的销售是在数字资本的引领下完成的。数字资本告诉了你以什么样的营销模式进行营销能取得成功。这难道算不上自己的资本和财富吗？难道没有为你带来理想化的收益吗？"他想了想说："你这么一说，还真是这些无形的资产给我的经营指明了方向，但我总觉得它是看不见摸不着的。"这时候我告诉他："无形的资产虽然看不见，却并不意味着不存在。它是可以多元化的，是可以在无形裂变中不断增长的。这种数字资本的神奇力量，很可能远远超出你的想象。"

第十章 | 裂变模式8.0 金融裂变——优化赚钱模式,开源节流所辖无敌!

那么数字资产究竟在我们的现实生活中以怎样的形式存在呢?其实不论是怎样的方式,本质上都离不开金融与科技的完美结合。它可以是大数据,可以是人工智能,可以是物联网、区块链、移动互联网等多种形式,它还可以是积分,可以是流量,可以是平台的数字分析,也可以是互动交换中的裂变反应,它代表着新一代数字技术对传统经营模式的融合互动,也意味着传统企业新格局下的改造升级。它所涉及的面非常宽广。它随时可以被整合成不同的类别和形态,成为企业手中的无形资产,变相地以多元化的形势为企业的需求服务。

瑞幸咖啡之所以让所有的客户都通过下载App来完成购买,除了有效地把握了私域流量以外,更重要的是,它把握了数据的无形资产。通过数据分析,它可以判断出,在哪些区域,存在属于自己的集中性客户。这些集中性客户的年龄范围是怎样的,工作范围是怎样的,惯用的购买方式是怎样的,对口味的要求是什么样的,审美是怎样的,多数选择什么样的口味?这些客户,潜在的裂变究竟有多大?怎样的促销方式才能促进他们的流量裂变?什么样的互动模式,才不至于遭到对方的厌烦?这些客户手中有价值的资源是什么?究竟怎样将这一切整合变成自己需要的资源?

有了这些准备以后,瑞幸咖啡就可以全然沉浸于自己的裂变营销设计之中。哪里更适合开店?开店的规模应该是什么样的?店内设计应该怎样优化?怎样进行店内活动策划?怎样优化区域内的咖啡品类?怎样更有针对性地供货?怎样能够有效促进流量的裂变?店内的员工又应该掌握怎样的营销话术?就这样经过一步步的数字推演,所有的无形资产经过整合,成为有形的价值。因为之前做了综合性的策划和准备，所以在进行进一步营销推广的时候，就不会那么手足无措。

此外，从金融角度来说，App上的运营效果也是相当有亮点的。如果客户愿意参与App上的裂变分享活动，如果客户每天都能参与平台的互动，如果客户经常会为平台引流大量的资源。那么他就可以因为这些贡献而赢得企业更多的青睐和宠溺，针对不同的任务类别，享受更多的福利和分红。这时候数字经济就会无形作用于消费，成为客户裂变经济中一个必不可少的动力。

例如，不管你在App平台上完成了什么样的任务，都可以按照比例，获得相应的积分，而这些积分是可以裂变的，是可以通过别人的购买获得提成的，是可以真正用来当钱买东西的。这时数字的概念便瞬间与消费经济连接在了一起。当大家意识到当下自己的努力可以跟钱挂钩，所有的积分都是自己变相的金钱时，那种分享裂变的积极性和活跃性就会瞬间激发出来。对于企业来说，数字经济是完全把握在自己手里的，自己的货究竟价值多少，能获得的红利是多少，可以给予的让利是多少，都是一笔非常清楚的账。把积分让利给别人，让积分利滚利地带来更多的裂变收益，自己不但不会因此而遭受损失，反而会裂变出更多的资本和财富。这样的好事，无非是一种有形无形的数字运营罢了。当一个企业能够在自己的平台上将数字资本有效地整合利用时，其潜在的真实经济红利就会源源不断地变现成真实价值。当有形资产伴随着无形资产不断地壮大扩充时，如果你再说自己的数字资产不是资产，那毫无疑问，对于当下这个互联网产业为王的时代，你确实应该好好调整一下自己的运营思维了。

裂变模式9.0

产业裂变——产业独角兽,转型加任性,下个老大会是谁?

成功,不是你会什么,而是看你整合的是什么?
拼过了商业模式,你也是行业的老大

第十一章

成功，不是你会什么，而是看你整合的是什么？

说到资源整合，很多人心里会瞬间闪现各种各样的概念。没错，这个世界所有的拥有都是资源的整合利用。有句话说得好："天下万物不求为我所有，但求为我所用。"所有的资源，其实已经摆在那里，关键就看你的整合能力是否到位。有些人觉得之前别人赚钱的途径，就是最好的途径，自己只需要照葫芦画瓢，就肯定不会错。有些人在整合资源的时候就很理性，他们会有针对性地进行数据分析和调研，然后针对手头的资源进行全方位的思路整理。他们渴望以小博大，以方寸之地赢得整个世界。他们的思路和眼界始终不是手头的一点点，即便是手里只有一根针也能创造效率无极限的方法。最终他们的方法会很快获得别人的认同，他们也因此源源不断地获得了财富和资本。这时有人会问，真的有那么神奇吗？要想把这个概念说清楚，就先让我们从下面的一个有意思的战略游戏开始：

想象一下，现在你中了一个大奖，你面前有两个按钮：第一个按钮，只要你按下去，就可以马上拿走100万美元。第二个按钮，如果你选择的话，你有50%的概率获得1亿美元，但也有50%的概率什么也得不到。那么这两个选择，你究竟会选哪个呢？

或许这时候，80%的人会选择100万美元，因为这样最保险。100万美元其实也很可观，为什么要抛开这么可观的收益，去承担什么都没有的风险呢？但是如果你可以将手中的资源进行有效整合的话，你会发现，其实选择第二个按钮更有利。

如果你把价值1亿美元的第二个按钮，以2亿美元的价格卖给愿意承担风险的人，你就能净赚1亿美元，而不是100万美元。

如果你选择卖掉自己的选择权的话，你可以以首付100万美元的价格将这个选择权卖给别人，同时签订合同，如果他中了1亿美元，再给你3000万美元，这样你就整整又赚了3000万美元。

你可以把这个选择权做成公开发行的彩票，2美元一张，直接印2亿张，这样就能成功进账4亿美元。就算头奖分走1亿美元，不计算彩票的成本，你还能赚3亿美元。

如果你能够有效利用彩票这个商业模式，你可以设计出几个抽奖游戏，把它们转化为自己做的生意，这样你就可以赚上至少10亿美元。

如果你可以有效地利用好这10亿美元的话，你就可以完成公司的上市，这样估值就可以达到20亿美元，公司如果经营得顺利，那么它的市值甚至可以涨到100亿美元。

······

如果你只看到了眼前的100万美元，也就意味着你放弃了后续的一切可能。这就好像现在很多传统行业的老板，只看到了产品与流量现实的成交，却没有在成交以后对后续的财富进行整合和规划。毫无疑问，对于当下的企业而言，不是资本和机遇不存在，而是它们根本不在意，看不到，也从来没有想过将这些资源进行管理和整合。他们被视为废品抛到一边，直到有一天真正看到它们价值的伯乐出现，所有的资本在整合完毕以后，便成了闪闪发光的财富。

古人有句话说得好："种瓜得瓜，种豆得豆。"你给自己撒下的是什么，也必将因此收获什么。撒下的是客户，收获的是客户；撒下的是老板，收获的是企业。或许以前的成功，靠的是你掌握的技能，而现在的成功，靠的却不仅仅是这些。真正的成功，不是你会什么，而是你最终整合了什么。这个世界永远不缺行业的高手，而当你将这些高手整合在一起的时候，就会发现原来高手中的高手，做的就是"整合"！

拼过了商业模式，你也是行业的老大

可能很多人都听过蒙牛和伊利，却没有听说过利乐。蒙牛和伊利、光明其实都是为利乐打工的。就拿2021年来说，利乐总共卖出了1732亿元的包装，外加900亿元的销售额，是蒙牛、伊利、光明这三大乳业营业额的总数额。在十年前，利乐就已经对中国95%的无菌质包装进行把控了，换句话说，10罐软饮料之

第十一章 | 裂变模式 9.0 产业裂变——产业独角兽，转型加任性，下个老大会是谁？

中，有8罐的包装是利乐提供的。

利乐到底是个什么样的企业，居然能成为我国三大乳业品牌的支撑者？1979年，利乐进军中国市场，经历了前后20多年的打拼，仍旧没有获得良好的效益。1990年之后，伊利的执掌人进行了实地考察，发现中国有着非常显著的乳制品需求，未来的发展指日可待。但是，自己所拥有的产品采用的均为低温杀菌技术，采用这样的技术解决不了牛奶的长期保存问题，会导致产品在市场上根本发挥不了竞争力。这会使品牌的发展有极大的限制，大大打压本该获得的高额利润。这个时候，伊利的执掌人找到了利乐公司，因为利乐掌握一项包装技术，能够让牛奶保存半年的时间。两个公司进行了谈判，可是一开始谈判就遇到了困难，因为就伊利乳业包装这个项目来说，并非单纯进行包装就可以了，要解决伊利当时面临的难题，还要引入三条生产线，加起来就要耗费3000万元。那个时候的伊利，拿不出那么多现金，怎么办呢？

这个时候，商业模式就发挥了自身的作用。两家公司共同商讨，利乐做出让步，让伊利先支付20%的货款，也就是先支付600万元，剩下的货款先不用伊利支付，但是需要伊利采购2400万元包装纸的钱，就可以将这2400万元设备的钱抵消掉。伊利听到了这样的做法，自然非常认可，两个公司就长期进行战略合作，签订了30年的独家供应包装纸合同。利乐采用这样的方式，使其能够渗入伊利乳业产品生产的每一个细节之中。

利乐非常善于市场调研、市场分析和渠道建设等，该公司渗入服

161

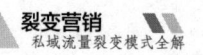

务的一系列进程中，了解客户需要的内容，为之提供相对应的服务。利乐协助搭建起我国的乳业分销渠道和零售终端，早期的乳业专业人士培训也是由该公司完成的。利乐对伊利和蒙牛等上千家的民营公司进行孵化指导，不但几乎免费为它们提供相应的设施设备，还提供与之对应的一系列服务培训项目，使它们依托于这样的服务产品，将自己的乳业品牌建立起来。由此，利乐也将一系列乳业生产和管理，以及销售解决方案系统构建起来了。

裂变模式10.0

智能裂变——人工智能，让天下成交化繁为简

第十二章

自主系统，提前预备好的经济红利
一站式链路，手机在手，做什么都不愁
合理化设计，做营销裂变下的读心高手

自主系统，提前预备好的经济红利

现在的时代最火热的是什么？那当然要属互联网了。人工智能、智慧电商的发展，已然让网络有了更高层次的推进，5G的运用和进一步推广。告诉我们，未来，人工智能势必会普及，如果将它和企业的发展联系在一起，自主系统可以分成很多个方面。

我们平时在网页上搜索关键词的时候，会发现有些排名在前面，有些排名在后面，这是人工数据在后台进行操作的。现在的系统，可以自动生成网站模型的核心技术，可以没有缝隙地对整个公司网站的页面进行复制，通过对高权重的新闻资讯平台相互嫁接，自发地构建起企业网站的官方网站，继而使落地页面的咨询转化率获得提升。相比传统的群发排名来说，这样的转化比例会提升几倍的数值，自动对关键词进行转变，从而使得快速排名搜索引擎首页获得落实。

除此之外，还可以有全网营销展示体系，也就是依赖于智能化的手段，对营销网站体系进行搭建，并且随着时代的发展获得更新。过去的传统网站搭建，需要懂得一定的代码和编程技术，之后的操作，经常会被相应的专业网络公司捆绑，从而收取其他的额外费用。然而，掌握了ERP自我架构智能营销，甚至可以达到0代码将智能营销类型的网站搭建起来的程度。也就是说，只要会办公软件，便可以知道怎样搭建网站，并且能够搭建出自我想要的高端网站版式，能够同各种营销插件相互衔接，没有缝隙地对接PC网站、手机移动网站、微信公众号，以及小程序等，形成一个后台式的管理，能够智能化地对版式进行编排和布局，并且达到自动营销和揽客的效果。除了网站之外，还有智能化的小程序平台，一键自动生成的代码有着更低的价格。

自主系统也包括智能化的电子销售机器人，运用AI智能语音识别技术，使其能够有针对性地挖掘和分析客户的问题，继而能够有针对性地做出解答，提高服务水平和成交比例。另外，现在微信上的活跃用户数已经超过了10亿，那么掌握好微信社交中的免费流量就非常关键了。智能化的微信营销体系将AI智能文字聊天体系构建了起来，经由语言对话大数据，能够及时回复用户的提问，使他们获得相应的解决方案，继而降低人工成本，并且能够24小时进行答疑解惑。除此以外，还包括智能化群发、智能化聊天、自动化添加粉丝等功能。

一站式链路，手机在手，做什么都不愁

随着互联网的进一步普及，人们完全可以实现"一机在手，天

下我有"的愿景。换句话说，只要我们有手机，很多问题都可以解决了。想买东西，直接用手机线上下单，快递到家；饿了想点外卖，直接用手机线上下单，外卖人员送到家门口。由此，也改变了商业模式。过去为企业提供生意参谋的服务模式关键立足于单个场景，以及单个店铺之上，采用纯数据的内容显示。在一站式的链路闭环之中，不同场景的商业解决方案被运用了起来，使使用者能够更快速地梳理清楚数据的具体框架，从而卓有成效地进入相应的商业场景。全渠道、全链路、一站式的服务定位，已然在在线零售商、品牌商等不同种类的用户群体当中运用，并且服务的触角已然由国内延展至国外，如东南亚国家等，使用户群体不断被扩大。

相信大家对阿里云不陌生，近些年云原生是其另外一大重要标签，特别是它们的数据库产品线，已进入2.0的发展模式，采取一站式链路的技术方式，使其能够走得更远。就云原生来说，广义的定义是全方位地运用云服务构建软件。其狭义的定义是经由容器等新型的技术手段，对应用进行搭建。最先开始的应用，也就是1.0时代，是立足于IT基础设施云化，以及核心场景的搭建，将数据库自我性能和服务体验水平提升上去。到了2.0时代，立足于移动互联网、5G等技术推动，数据的应用场景有着更加丰富的表现。由此，需要将一站式的链路搭建起来，将数据库服务水平完全释放出来。

这样的一站式链路有什么功能呢？一是有着极其强有力的企业级别的数据自治水平；二是能够对有关产品进行更有力的管理和控制，使得使用者获得更平稳和快速且安全的使用体验。不管是什么类型的公司，都可以运用这样的全链路平台，如不同地区的企业，可以利用这样的平台,将所有数据导入线上,在线上进行资料的搜集和自动汇总整理,并且可以将不同地方的同一类型的企业汇总在数据库平台之中,只要拿着手机,远程就可以操作;三是整个运作通过手机数据传输完成,有相应的安全优势,包括访问、存储、传输等层面的安全性。

想一想,作为企业利用一站式链路,可以将有关数据资料整合在一个平台之上,很多数据可以自动生成,管理非常方便;作为消费者直接通过手机就可以完成一整天的活动,想要出行,直接在手机上选择相应的服务,会有专业人员直接为你定制相关的旅行线路;想要订酒店,直接在手机上操作,就有专人为你安排好相应的住宿。未来的经济发展,谁掌握了一站式链路的核心技术,谁就掌握了财富先机。

合理化设计,做营销裂变下的读心高手

所有企业都想让自己的用户越来越多,自己的利润越来越高,这一切目标的实现都离不开好的营销。如何将好的营销落实到位呢?那就要进行合理化的设计,也就是从用户的心理出发,像一个读心者那样去读取用户的实际所需,从而推动营销获得更多用户,形成更多裂变环。

例如,我们在朋友圈里看到一个促销活动,这个活动可以让我们享受一定的折扣和优惠,若将它分享出去,就会有其他人看到,这就

是开始裂变了。由此可以看出，裂变通常是通过一个点铺散开形成一个面，经过持续化的裂变会呈现更庞大的规模，并且有更快速的裂变速度，并使数据获得爆炸式增长。同其他营销手段相比而言，裂变营销的成本更低，并且有着非常持久的效果。

就我们所处的时代来看，裂变营销在互联网平台上很常见，其具体形态不一而足，其核心在于抓住用户的实际心理，抓住用户的眼球，从而获得极其广泛的用户群体。其主要的裂变渠道是互联网社交平台。就拿微信来说，微信有着非常庞大的用户群体，以及广泛的社交人脉。商家能够借此对差异化的流程进行设计，采用不同方式拉取新的用户，留存原有的用户。在具体操作裂变营销的时候，一定要从用户的需求出发，去对相应的内容进行设计。

第一是可以采用利益吸引手段，也就是通过赤裸裸的利益获得，去吸引和留住用户。采用这样的方式，通常是借助于补贴、免费等形式。通过分享或者是邀请，用户可以获得利益。对于商家来说，可以获得相应的裂变用户。美团和饿了么就非常擅长运用这一方式，并且有各种各样的方法。例如，一开始打开市场的时候，美团和饿了么会补贴给用户现金。此外，在用户每次点外卖操作之前，可以打开或是分享红包，从而在下订单的时候，能够将部分支出抵消掉。一开始，使用者获得了非常多的补贴。不过，随着平台使用度一步步获得提升，补贴的强度逐渐小了。这时人们的使用习惯已经被搭建起来了，形成了使用黏性，给平台带来了巨大收益。除了直接进行补贴和发放红包之外，还可以借助组团、合作开发等方式。例如拼多多就采用"分享让利"这样的方式，使用户团购，从而获得更多的优惠福利。

这不仅满足了消费者的消费需要，也使其社会功用获得落实。

第二是可以采用社交满足手段、社交裂变营销。利用人们在消费过程中存在的跟风、爱炫耀的心理，对营销进行设计，往往会获得事半功倍的效果。例如，网易云就曾经运用过这一方式，设计了非常多的个性测试游戏。人们对自我有着极其强烈的探索和表达欲望，所以很多人愿意花几分钟去做相应的选择题目，获得的结果可以在各种社交平台进行分享和比较。当别人看到之后，也会出于同样的心理进行分享。

所以，合理化设计就是要紧紧抓住目标受众的心理，根据他们的内心需要进行合理设计，才能够将裂变扩展开来。这带来的，不仅仅是用户群体，更是数不尽的财富。

团队裂变篇

谁来卖

——资源整合，团队的战斗力，企业真实力！

　　流量变销量，销量无限量。每个人就是一个流量，而每一次交易，就是以此标准的流量互动。这个互动是需要裂变的，也是要可控的，在这个网人、圈粉、赚利润的过程中，团队协作功不可没。世界在创新中整合，团队在优化中发展，核心的战斗力，充足的驱动力，高效的品牌力，超强的营销力，每一个流程，每一个细节，对于新时代的企业都是一个全新的考验。天下本没有难做的生意，就看你军中有几位良将？从这个角度而言，团队的综合实力，才是企业的核心竞争力。

裂变营销：私域流量裂变模式全解

过去与现在，
团队人才管理的重大变革

第十三章

创业型员工就是最好的庄家
如何打造高效能团队
知人善任，战略与执行力的角逐和比拼

创业型员工就是最好的庄家

有人说：这个世界上你找一个给钱才工作的员工确实不难，但是他们的工作状态始终是没有激情的，但是当你赋予每一个人创业的理想，告诉他们现在的打拼就是在为他们自己而奋斗，那对于他们而言，干劲儿肯定就不一样了。每个人都有自己的理想，而做企业最重要的核心就是经营所有人的理想。当你将所有人的理想聚集在一起的时候，你就会发现其实对于每一个人来说，眼前的薪水虽然很重要，但它并不是最重要的，如图13-1所示。

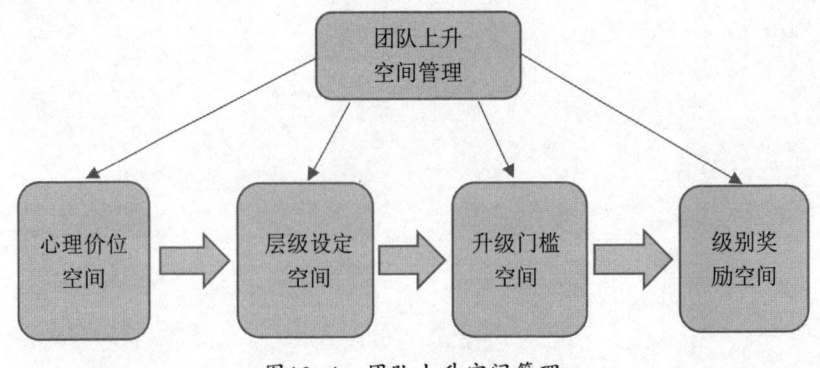

图13-1　团队上升空间管理

其实就裂变效应而言，中流砥柱就在于我们身边的团队。一旦团队心中有理想、有事业，团队精神有凝聚，那么后续即便遇到再多的问题和困难，也一定可以迎刃而解。说到这儿，我想到了团队内部"裂变联盟"机制的问题。

所谓裂变联盟，指的是一个基于平台创业的资源置换、智慧共享及学习共创的团队社群。为的就是支持联盟企业管理创新和组织变革，协助联盟团队进一步完成创业"裂变"孵化，并向平台化组织发展。裂变联盟以"裂变创业理论"为落脚点，在创新实践过程中积淀智慧，在组织管理中博众之长，不断丰富组织创新变革的路径和方法。裂变联盟团队作为平台运营的主题，为企业提供服务咨询，支持联盟企业新项目裂变落地的同时，会以一定比例选择性参与新项目的投入，真正意义上地成为思想和利益联盟的共同体。这也正应了著名管理企业芬尼克兹公司的员工激励模式，也就是面向企业内部团队的裂变式创业。那么究竟其中有什么与其他企业大不相同的内容呢？

运营第一步：创业大赛项目选拔

顾名思义，所谓创业大赛说的就是要选拔出足够有实力的创业人才。参赛的人员人人平等，整个企业上下没有任何资格和资历的要求。大家可以自己组建团队进行参赛，公司可以提供最为专业的创业培训和创业辅导。参选人及参选团队，要申请个人投资的额度，参与竞选总经理的人首期投资可以在10%以上，不投资就不能参与比赛。在公司工作三年以上的员工可以针对他们的业绩进行投票，而且每人只能投一票。根据职位高低大家可以设定每个人的投资额上限，绝对不能超过限度投资。除此之外，公司领导和员工可以用金额投票，想投哪个团队就写在自己的投资金额上。如果不按照承诺的额度投资的话，就按照其上一年年收入的20%进行处罚。

老实说这个规定真的特别棒，它既解决了很多人的问题，避免了贿选和拉票的现象，还实现了自动监控，有效选拔优秀人才与团队，留住公司骨干，打破论资排辈的现象。因为这一切都是与资金挂钩的，所以每个人在选举的时候都会特别谨慎。毕竟从金钱预算上来讲，拿自己的钱开玩笑，实在不是什么明智之举。最终经过激烈角逐，获得投资额最大的团队或个人会快速胜出，如果投资超额的话，就会按照比例打一个折扣，而获胜的一方，可以自己组建项目事业部，启动属于自己的创业计划。

运营第二步：裂变新公司

对于一个富有创业潜质的项目事业部而言，启动自己的创业计划是整个公司都会全力支持的大事。如果时机成熟，就可以裂变出新的公司，但前提是，有信心在销售业绩上突破2000万元。那么公司是怎样支持这样强大的裂变计划的呢？母公司持股50%，总经理持股10%，创业团队的其他成员持股15%，母公司高管及其他员工持股25%。这些股东们按照自己的持股比例，投资新裂变公司。根据本年度业绩/上一年度业绩，对应赔率在1:1以上就可以分红。具体的分配方法是：50%的税后利润按照股权结构强制进行分红，30%的税后利润留存于公司，保证有发展资金，20%的税后利润创业团队优先分红。这样一来，创业团队可以享有40%的红利，其中总经理个人用10%的投入获得16%的收益，母公司享有40%的收益，跟投人员享有20%的收益。

运营第三步：建立合理化的退出机制

从2014年，芬尼克兹及关联子公司的总经理（包括创始人本人）都是采取任期制。总经理任期为五年一届，所有的总经理都是通过竞选的方式产生的，最多连任一届。也就是说，每个子公司总经理最多连续担任10年，离任以后，便可以参与其他关联公司管理层的竞选。几名母公司的股东组成弹劾委员会，如果管理团队第一年完不成任务，则警告一次；如果连续两年完不成任务，可申请弹劾总经理。

这样一来，一切都以利润共享为原则，不会面临职业经理人待遇制定等一系列的尴尬问题。管理层与企业拥有者的利益有了高度统一，内耗也相对减少了。创业团队会绞尽脑汁让自己有限的资金获得最大的股权比例，从而降低了投资总额，也进一步降低了整个项目的风险，可谓在获得裂变的同时一举多得。

由此看来，如何让员工成为老板，方式是多元化的。要想让公司的财富产生裂变，除了发挥员工的作用外，更重要的就是让他们在工作过程中，每天都能看到自己的前景和希望。创业这件事毫无疑问，除了自我提升锻炼以外，更重要的是能够让员工全方位提升自我价值。

将员工变成老板或者说合伙人这样一种管理和组织模式的变革，无疑是一种重大的进步，因为能更好地实现利益共享、风险共担。要想将企业做大做强，就要让员工找到做庄家的感觉。适度放权，将资本交到有能力的员工和团队手中。这样一来，不但能够大大提升他们的积极性，还可以让企业在裂变运营的过程中获得更大的收益。这是一个智慧开启的过程，也是一个资源整合的过程。至此，企业的核心目的不再是经营产品，而是运营企业员工团队的理想。换句话说，把理想运营到了极致，有了这个契机，还会发愁业绩吗？

如何打造高效能团队

通用电气公司总裁杰克·韦尔奇曾经说过这样一句话："你可以拒绝学习，但是你的竞争对手不会，在现在这个瞬息万变的互联网时代，一个企业成长的速度与其人才的培养速度，几乎都是成正比的。"对于企业经营而言，团队的裂变模式是非常重要的，它并不在于融合资金或其他资源，而在于让团队产生进一步的裂变，让每一位员工都能够主动地参与企业发展，并且最大限度地发挥自我价值，找到属于自己的人生意义。

企业面临的诸多问题，说到底其实就是人的问题。例如，人才紧缺、人才储备、梯度建设、人才培养，等等。要想解决这些问题，最好的方法就是形成团队裂变、小组裂变，从而将领导者从日常经营管理中解放出来，从一个企业的管理者向真正的操盘手转化。

在这样的理念下，很多企业都设计了属于自己的内部裂变模式：万科退出了事业合伙人制度，聚焦项目层面的跟投合伙制；海尔退出了自主经营体制机制，力求打造一个专属于海尔的创客平台；韩都衣舍则由按功能划分部门，调整为按照产品小组进行划分……

那么问题的根源在哪儿呢？我们究竟应该如何解决呢？

第一，培养对象选错了

对于培养对象选错了这个问题，我们首先要发现其中的核心症结，看一下自己的团队核心人物，到底哪里出现了问题。有很多企业都犯了这样一个错误，那就是自己在选择团队核心人物的时候，用错了对象。你培养的人选错了，还能指望有什么更好的结果吗？招代理也要看人，不能单单只为了凑数就去招募团队领导。

就用人这件事来说，有的人培养半天也只能是个普通员工，有些人你用尽心力即便开窍也不会是一个成功创业者。所以，作为企业，一定要把握好自己的面试和考察环节，设立自己的代理门槛，筛掉那些不上心的消极分子，把精力全部放在那些最可能出成绩的人身上。

第二，团队队长不会教下属

出现这个问题的原因，主要有以下两点。

一是，这个团队队长自己根本不上心，也不负责任。对于团队而言，队长就是一棵大树的树干，这个树干干枯了，整个团队也就散架了。其他的树枝自然而然地从它这里吸收不到能量和养分了。

二是，这个团队队长能力很强，做销售是一把好手，招商也是相当棒，但他就是不知道怎样把自己的能力复制给别人。其实很多人员加入团队，都是很有针对性的，他们首先对团队的能力是认同的。平台是认同的，而从需求来讲，他是渴望源源不断地从这个大家庭里获得更多的知识愿景和希望的，这些内容都是在别人那里学不到的，也是整个团队的灵魂竞争力所在。

如果这个时候，团队的队长不知道怎样将自己的能力进行复制，那结果肯定会造成人员的流失。从客观角度来讲，并不是这个团长的能力不行，而是他不会复制。那我们该怎么解决呢？作为企业，需要给他提供一套人才培养系统，同时要对所有的队长定期进行相应的培训，告诉他们如何更好地裂变团队、经营团队。

企业要把复制卓越人才的能力，去流程化，更体系化地给到团队队长，让自己的每一个团队队长都能做好这些内训功课。我们必须把最简单最清晰的内容方案给到每个团队成员，让他们能够有效率地对一切进行轻松复制和执行，即便是对这项技能算不上熟练，但操作起来也要比毫无思路来得更加简单易行。从这个角度来说，要想让团队把活干好，企业的监督少不了。监督到位，辅导到位，强化到位，后续的裂变和扩充财富的战略才能到位。否则，一旦企业在这方面疏忽大意，即便是队长看起来再能征善战，稍微一不小心，说不定就会给整个企业带来很严重的损失。

第三，培训不系统

很多团队之所以最后分崩离析，主要原因是团队成员觉得在这里待着没意思，根本学不到什么东西。如果企业能够从一开始就教这些人该怎么运作手头的工作，他们也许就会将手头的事情做得很完美。所以，从这个角度来说，有培训系统，有专门的培训课程，有相应的监督体系、执行体系、落地体系，才能真正意义上让手中的团队保持在稳定发展的状态之中。

当然，我们也别想着有培训以后就可以万事大吉了，光讲课没用，关键是要理论结合实践。培训需要落地，需要具有可执行的实操性，而且必须学以致用。这样培训的核心价值才能体现出来。这里需要着重强调的是，培训必须要有一定的价值，换句话说是需要收费的，这样才能体现出培训的分量感和价值感，毕竟愿意掏钱来上的课都是有些东西可以学的。

第四，操作缺流程

现在很多企业在运作团队的时候，没有一套标准的操作流程、有些有了，但没有持续更新和优化，所以经常出现团队队长把眼前的事儿干完了，觉得就算大功告成了，而员工丝毫没有开拓精神，更没有进一步的学习精神。

对于一个企业来说，真正健康的团队是需要灵魂的。灵魂就是知道自己想要什么，知道自己该做什么，至少每个人心中要有一个大概的流程，事后要学会及时复盘，知道哪一点是可以优化的，哪些流程是需要深挖的。这样才能让结果一次比一次更好，效果也会更显著。这就需要团队中的所有人都能有针对性地去做这些事情。很多人说，我的团队裂变不了，发展不了，招商速度实在太慢了。究竟是什么原因造成的？原因是你根本没有把心放在培养人身上。

这个时候，要想让团队快速地裂变规模，那就一定要有一套完善的系统操作流程。这套流程能够让我们快速得到发展。

第五，团队缺文化

对于企业来说，不论是小团队还是大团队，都需要有一套完备的经营策略和文化策略。小团队的管理靠的是人情，中型团队的管理靠的是体制，大团队管理就需要灵魂了，而这个灵魂就是文化。文化就是价值观，如果文化不统一，价值观就不统一。要让所有人跟着自己一起干，就要发挥模范带头作用。

有些队长和我聊天的时候说，有的时候感觉人挺多的，但用的时候就感觉没人，团队里的任行动起来也是一盘散沙，感觉怎么也拧不成一股绳。那究竟该怎么办呢？

对于企业而言，当团队越来越壮大时，它所承担的使命和责任就不只是利润把控那么简单了。相比于管理机构而言，它与团队人员的关系更像是一个服务机构，尽管他手中把握着相应的权力，但这并不影响它通过服务的方式更好地运营团队成员的创新精神、创造精神、理想愿景和行动的能量场。换句话说，如果企业能够把这份能量守护好，自己就会不断吸引到顶级人才。一个有人才的企业的运营一定是充满生机和活力的，因为秉持着对每个团队人员负责的使命，在带动他们拥有美好未来的同时，也会因此赢得更多的收获。除了红利以外，从更长远发展的角度，把人用好，矩阵式的裂变才能真正发挥作用。

知人善任，战略与执行力的角逐和比拼

很多人说团队裂变是讲战略的，倘若此时，你不能把所有人的欲望与自己的策略连接在一起，不能将所要兑现的承诺完美兑现的话，所谓的裂变，以及后续裂变所产生的一系列巨变都将随着规划和执行的不完善而化为泡影。

其实在现代社会，企业经营者多半可以成为一个合格的战略家，却从某种程度上说算不上一个优秀的执行者。所谓思想的巨人，行动的矮子，想做的事情太多，以至于所有的问题都成了日后解决问题的牵绊。对于一个不断裂变的团队而言，一流的执行力将意味着它具备一个无形的强大的运营系统，所有系统的承诺都会得到及时的兑现，所有系统中成员的利益也都会得到最大限度的保障。只有如此，地基才不会成为上层建筑的障碍，地基才能愈发坚固平稳，决策和执行才会得以有效落地。由此一场用人的战役，便吹响了号角。决策者的知人善任将在其中发挥相当重要的作用，将最合适的人安排在最适合的岗位，既给予舞台又不至于因此遭遇风险。所谓人尽其才，物尽其用，自己的梦想才得以成为所有人的梦想，有了利益连接，后续的一切就会跟着推进。

那么什么才是切实有效的决策和执行呢？让我们以用人为例，来好好探索一下这个问题。

第一，找同路人

团队里的人很多，但真正懂自己的却凤毛麟角，能够领会自己意思的人更是少之又少，结果不合适的人在不合适的岗位上翻了车，想法很丰满，却不得不面对现实的骨感。这是很多企业管理者在用人方面遇到的最糟心的事儿。也许这时你会说，人才是需要培养的，但现实会告诉你，想要改变一个人是多么困难，即便是倾尽了所有，等你把他培养好的时候，就会发现所要花费的成本与他所能给自己带来的价值是不成正比的。

第二，挖人才

很多企业老板觉得，如果自己培养一个人才太费劲那就干脆去挖吧，但是人才哪有那么好挖呢。即便有高额的收入，良好的福利，如果不能与自己的梦想挂钩，又有几个愿意跟你一起做呢。这时候最考验的就是企业领导的格局，如果你只把他当雇员，那么你们的交流就只在公共关系里。如果你把他当成是成就事业的合伙人，那么毫无疑问，你就有资格和他一起谈理想了。此时真正集战略者和执行者为一身的老板，会从扶持的角度去鼓励对方自主创业，并告诉他："不用担心，用你的能力和智慧做就行，亏了算我的，赚了你拿走51%，剩下的49%是我的。"如此一来，有如天上掉下一个馅饼，一不留神落到了一个有梦想的人身上。资金解决了，能力也不是问题，不跟着你干，还会有更好的选择吗？如此一来，你便与人才有了全新的合作关系，同时又有彼此的利益连接。既可以独立，又保持着统一，这种自在和谐的状态是大多数人才难以拒绝的。

第三，机制化培养体系

经历了人才的选拔，或许当下你手里的每一个人都很厉害，但是要想将他们紧密地团结在一起，不至于分崩离析，就需要有一套完备的、多维度的合伙人机制。管理有统一的章程，竞争也有竞争的法则，每个人都有属于自己的合法利益。

举个例子来说，同样是计件保底，那么完成了越多的产量就意味着能够拥有越多的收入，但仅仅只有这一点还不够，最重要的是能够让所有人在踏实的同时，源源不断地涌现出干活的积极性。那么最核心的要务就是稳定他们的情绪，不管你未来的业绩怎样，至少前三个月你是有保底工资的。不管你赚得到还是赚不到，这些钱都是属于你的。这样一来保底与计件并驾齐驱，员工的积极性有了可靠的保障。这时候再系统地在计件问题上进行优化设计，不同级别的计件，有不同级别的标准。我们可以将他们分别看作ABCD四个不同级别的任务。在完成任务的过程中，一个差评就扣1分，一个好评就加1分，不好不坏不计分。员工可以知道，自己真正赚到的手的钱到底有多少。同样的活儿，别人干比你干赚得多，因为人家级别就是比你高，比你更专业，考核通过就是他们的资本。这一切让他们的心中产生了迫切感，驱使他们朝着下一个晋升的标的不断前进。这是一套切实有效的战略执行系统，每个成员都清楚地知道自己在干什么，想要什么，应该朝着哪个方向去努力。于是，他们将自己的晋级计划落实在了生命的每一天。

一个成功企业者裂变的最重要核心就是所追逐的一切，就是和盟友们共同追求的。你的路就是他们的路，你的理想就是他们的理想，你的利益就是他们的利益，你的未来也承载着他们的未来。这里面始终都是与每一个人的个人利益和成长挂钩的，你始终是梦想的领跑者，大家会不自觉地朝你所引领的方向前进，因为他们知道唯有如此，才有可能遇到更美好的未来。当所有的裂变在源源不断地发挥效应的时候，你将会是获得最多丰厚回报的那一个。虽然对于每个人来说，你所能分到的，永远是最少的那部分，但一旦这种裂变开始不断泛滥，所有的少数便会凝聚成多数。你会成为那个开辟道路的人，而后续的裂变大军，将会顺势将小路开拓成阳光大道。原因很简单，在方向明确的前提下，即便是再难的窘境，只要迈开了第一步，终将势如破竹。所谓战略和执行力的完美结合，落款在这里应该算是最精彩的一笔。

防而胜防，
创始人治理企业团队的制胜法宝

第十四章

分了股权，股东不胜任怎么办？
设置完美的合伙人合作机制
公司章程里的"特设创始人保护条款"

分了股权，股东不胜任怎么办？

在很多人看来，合伙人就像是自己在企业中的人生伴侣，秉持着共同的理想和目标，本该携手走上很长远的一段规划。但如果人家的态度跟你并不一样，就很可能在经营的过程中出现"内伤"，不但自己会遭受损失，就连企业本身都可能引发生存问题。如果发生了上述情况，作为股东和创始人的你又该怎么办呢？眼看企业的颓势已经在那里，如果这时候不理智地撕破脸，肯定会带来更大的损失。因此即便是要一拍两散，也要把相关情况和问题说清楚，并最好能白纸黑字地说清楚。那么对此，我们又该做些什么呢？

第一，合伙人之间必须及时沟通

如果你觉得合伙人表现一般，那你就要知道，但凡是出现这样的事情，都是有原因的。作为他的合伙人，你首先要搞清楚事情的端倪，那就是他为什么不好好干，是天生的懒惰，还是因为一些情绪问题故意消极怠工？找到症结所在之后，就应与合伙人好好沟通。

其实，很多合伙人之间刚合作时，并没有太大的矛盾，后来由于缺乏沟通，才导致问题和矛盾越积越多。所以与其到最后难以收场，不如提前亮明自己的态度和原则，免得彼此形成更大的误会。

第二，合伙人之间要明确职责和义务

之前和一个企业老板交流，当时他指着对面的办公桌说："你看看那边坐的那位，身份是我的合伙人，可人家的生活跟我完全不一样，每天不过是打打电话，看看报纸。而我每天有看不完的文件，你看这里还有这么多合同等着我签署呢！"言辞中有着满满的愤怒和委屈。于是我问他："那公司的规章制度对这个问题是怎么界定的？你和他的责任和义务划分清楚了没有？"他听了先是一愣，然后说："规章制度是规范下面员工的，我们是铁哥们，共患难走过来的，这感情还需要制度？"

其实，提前进行明确的职责划分，积极调动合伙人的主观能动性，上述情况就有可能避免。或者说，明确的考核标准和奖惩制度，往往是有效杜绝合伙人推责的有效法宝。如果合伙人能力有缺陷，那只要是完不成业绩就应当要接受相应的惩罚，在明确的制度面前，如果合伙人敷衍搪塞，就必须付出相应代价。

诚然，如果合伙人能够把相应的工作做得特别好，就应当得到相应的奖励。这样奖罚分明的制度就是把问题抛给合伙人，你干与不干，制度都在那里。现实情况往往是，当双方的职责得以明确，就能更有效地调动合伙人的主观能动性。从这一点来说，明确的考核标准和奖惩制度也是杜绝合伙人不尽责的法宝。

试想一切用制度说话以后，谁干了些什么，该干什么，就一目了然了。你干与不干，制度就在那里，至于你愿不愿意做好，从来都不是别人的事，而是自己的事。

好的合伙人并不是天生的，只有经过不断磨合才能产生更默契的合作关系。对于繁杂的工作，明确的分工同样是很重要的，而面对后续的工作压力和难度，每个人都会出现不良的情绪反应，这也正常不过。如果有一天你发现你的合伙人开始消极懈怠，先不要忙着指责，而是要尝试着了解一下他现在面临的问题，帮助他克服消极情绪，这不仅是对他负责，也是对整个公司负责。毕竟决定一起创业，还是要秉持着以和为贵的原则，做生意如此，做人更是如此。遇到合伙人不好好干的情况，如果事情还没有发展到非散不可的地步，最好的解决方法还是彼此包容并且及早采取措施。规章制度能够约束合伙人的行为，但制度是死的人是活的，制度讲的是原则，而人也不能失去了感情。如果合伙人能够求大同存小异，为了彼此共同的事业倾力打拼，就完全可以把矛盾扼杀在萌芽状态，详图14-1。

分了股份，股东不胜任，怎么预防？

第一，先代持	分批分次地给，时间、业绩达到了再给
第二，签竞业禁止	离职三年内干同行业，干的公司一半给自己
第三，签离职退股	离职退股协议提前签好，离职时退股协议生效
第四，先给"干"再转"实"	吃不准的人，先给干股分红，再转实股
第五，其他退出机制	协议约定达到什么情况直接退出，如业绩

图14-1　风险规避措施

第三，采取有效的风险规避措施

1. 先代持

对于股权这件事，我们不要鲁莽行事。与其与对方掏心掏肺，不如保留主动权。对于股权这件事，完全可以分批次给，划定好时间，如果对方能够在约定的时间顺利完成业绩，真正意义上证明了自己的实力，那么到时候再发放一部分股权也不迟。

2. 签竞业禁止协议

对于那些想要离职的股东，我们可以在协议上提前约定，如果对方在离职三年内，干了同行业的事，那么其所拿到的薪资的一半归自己，剩下的原来公司股东大会有最终解释权。这样一来，便可以很好地将主动权控制在自己手里，既预防了股权流失、内部信息暴露，又有效地维护了企业股东大会所有人的合法权益。

3. 签订理论值退股协议

对于那些想要离开的股东，我们可以提前签订离职退股协议，约定对方在离职的时候必须将手里的股权转让给其他股东，只要这份协议签订，便立刻拥有法律效力，这样一来便可以有效地约束股东。即便是对方真的有离职的打算，在权衡利弊以后，心中自然明白得失，这样不但有利于对股东的管理，更有利于企业规避多方面的损失，也有一举多得的助力。

4. 其他退出机制

对于某些公司，只要达到一定的业绩或项目完成以后，股东的利润分红便能直接兑现。这时候，就需要提前把协议制好，约定虽然现在大家都参股，但在何种情形下，采取怎样的行动，便被视为自动退出。比如连续几个月业绩不达标，便视作是直接退出股份，不再享有任何的股东权利。

看到这儿，想必有些朋友会眼前一亮，想不到合伙人问题这么轻松就解决了。人生就是一个未雨绸缪的过程，而企业的经营也需要提前进行规划，对于合伙人的奖惩机制，需要提前研制，这样企业才能有效地发展推进，而每个人拿到属于自己的红利时也会心安理得，那些因为分割不均衡的负面情绪，也就自然而然地随风消散了。

设置完美的合伙人合作机制

从根本上来说，友谊是建立在共同信任之上的，白手起家的时候，大家同甘苦，但真的成功了，未必能共福乐，这也就是当下众多合伙人从如胶似漆走到分道扬镳的主要原因。从本质来说，核心就是利益分配，兑现不了利益，或利益分配出了问题，都可能导致关系的分崩离析。

那么怎样选择自己最理想的合伙人呢？

第一，自身具备独当一面的能力

合伙人所谓合伙，就是一起携手努力打拼事业，合并成一个完整统一的利益共同体。而这个共同体中，每个人所肩负的使命和责任都是不一样的，但这并不影响每个人在利益面前的重要分量，这意味着所有的合伙人都必须为了企业的共同利益而努力，在不同的职责范围内尽其所能。这里面牵涉到权利，牵涉到责任，牵涉到执行，牵涉到多方面的驱动和决策力，每个合伙人都应当在自己的分工范围内具有独当一面的能力，既不让其他合伙人分心，也不影响到彼此共同的核心利益，这样体系才会有条不紊地经营下去，逐渐形成最佳的运作模式，而这或许就是企业合伙人最直观的价值意义所在。

第二，合伙人不能有第二产业

事业是一条统一战线，因为方向明确，所以不允许任何人在此时产生第二产业。原因很简单，当一个人在私下产生第二产业的时候，他的精力会不够专注，会影响到他对于共同事业的发展。试想，如果一个是共有的，一个是自己的，自然是自己的孩子最重要。如果要在牺牲共有机制和牺牲私人利益之间做选择，恐怕很多人都不会随随便便选择后者。此外，对于合伙人机制下的其他成员来说，上述做法自然是很不公平的。

第三，时间因素

合伙人合拍不合拍，自己说了不算，时间是最好的见证。这种感觉就跟谈恋爱一样，陌生的两个人走到一起，经历时间的考验和磨合，对彼此有了进一步的了解，才有可能一起结婚过生活，如果没有一起共过事，就不会对彼此的能力和才华产生了解，也不可能对后续的合作产生自信，这里面所要经历的考验有很多，从能力到原则，从思想到行动，从逻辑到道德水准，一系列的内容，都会在时间的见证下越来越清晰。

说完了合伙人的选择问题，下面就让我们来了解一下合伙人机制的不同圈层，人们常说："同一事物，格局不同，看到的世界也不同。"就机制模式而言，每一个机制里都有属于自己的世界，而相互之间，又是彼此链接的，这种微妙的关系，构建了极致的利益体系和架构，也是合伙人机制得以延续的命脉所在！那么合伙人机制里都运行着怎样的模式呢？我们可以将其大概分为三类。

第一类，公司制的合伙人（股权控制型）

在这个范畴之内，最为核心的关键是，对整个公司来讲，除了核心激励以外，还要实现有控制性的管理措施。也就是说，除了进行有效的激励以外，我们还要把握公司的有效控制权，要么是控制其上市，要么就要实现其权益的平移。也就是说我可以把股权分配给你，但是就核心的控制权而言，始终是牢牢把握在我手中的，这一点一定要提前在股权合同协议上予以体现，这样才能更有效地保障企业成员的切身利益。

第二类，联合创业模式（平台型）

当合伙人越来越多，就需要建立一个平台。尤其是企业有了分公司、子公司以后，大量的新业务不断出现，就需要在原有的业务体系上，孵化与新业务相对应的模式。如此，在进行利益分配的时候才不会造成混乱，这意味着我们可以将决策公司与股权公司有效分开，股权公司只负责分配股权，对分配的股权进行系统管理，而负责决策的公司，始终都在单独运行，从来不会受到任何股权合伙人的威胁和影响。这种有效的管理措施能够增进合伙人联合创业平台的优化和整合，在平衡权力的同时，采取制衡的方式和策略，促进公司始终都在良性条件下持续发展和运行。

第三类，泛合伙人模式

当公司在所谓的股权激励之外又加入了新合伙人，或者是增加了一些类似于合伙人机制的激励，这就是泛合伙人的机制。比如说，根据企业集团公开的招股说明书，我们可以将重要的投资人和自己绑定为永久性的合伙人，而其他的合伙人则可以被视为次要合伙人。

其次，公司进行合伙人机制设计需要注意以下三个关键方面：

第一，明确公司实施合伙人机制的目的

在陈述这个内容的时候，我们可以看一下稻盛和夫"阿米巴经

营"理念的核心案例，这个案例被誉为"京资经营成功的两大支柱之一"，"阿米巴经营"法则就是对自己的每一个部门进行精致的独立核算管理措施，将企业划分为"小集体"，就像自由自在进行细胞分裂的"阿米巴"，以各个"阿米巴"为核心，自行制定计划、独立进行相应的核算。这样非常有利于企业持续自主地良性发展，让每一个员工都成为企业经营中的主角。这样一来，"全员就可以参与经营"打造激情四射的完美集体。最终方能依靠全员智慧和努力，完成企业经营的目标，最大限度地实现企业的飞速发展。

第二，明确合伙人与公司的责权边界

对于这件事，我们可以借鉴相应的管理工具，在内部实现模拟型结算。这样从表面来看，并没有从本质上改变员工与组织的合作关系，但合伙人与公司则是互利共赢的合作关系，双方风险共同承担，利益共同分享，这样的机制设计可以有效地明确合伙人的能力要求以及经营权限标准。从一般来说，合伙人独立承担与业务相对应的各个模块，背负业绩指标与市场压力，而平台的主要任务就是提供辅助性的支持功能，给予合伙人规范化的指导与扶持。

第三，设计与责权匹配的分配机制

根据责权对等的原则，我们可以在明确责权的基础上，建立有效的合伙人分权机制，这样可以更好地明确合伙人的利益分配，充分调动各级合伙人的积极性，进而带动公司业务体量的跃升。那么究竟应该怎么做呢？

第十四章 | 防而胜防，创始人治理企业团队的制胜法宝

　　首先进行业务链条的有效梳理：沿着业务链梳理公司各个业务流程，挖掘业务开展的具体资料和信息，包括市场信息的引入、市场开拓、业务发展等。梳理清楚之后，就进入了公司财务状况的详细核算阶段，对于最终的财务报表，企业可以进行系统分析并精准地写明现业务的收入、成本费用等一系列的项目。我们可以通过平台系统，明确各业务回款的周期，计算各业务的利润率，将此用于后期的分利测算。

　　合伙人作为独立的业务单元，可以有效地进行独立核算。这就需要总部平台发挥出决定性的作用，它可以向合伙人提供品牌、管理、资金、财务、人力等方面的支持，并收取平台管理的费用。合伙人根据自己对企业作出的贡献和职责，分享市场开发推广所带来的收益，合伙人与公司进行利润分配的比例，一般可以被设置为在保证公司合理盈利水平基础上进行一定程度的分配，两者共同分享项目利润，同时内部可设置跟投制度，用股权激励制度实现合伙人的利益捆绑与激励。

　　其实就管理角度来说，在一般情况下，如果问题不算严重，老板都可以睁一只眼闭一只眼，但如果在公司内部没有一个系统的管理机制，就很容易破坏企业的文化。一旦企业内部股权人、合伙人之间出现问题和变动，老板想要"开除"股东，解除其与公司的关系，就有可能因为机制和当初的合同协议不明确，出现各种各样的冲突和问题。

　　比如，按照常见的，如果你的合伙人是登记的股东，如果此时他不同意，就没有办法开除他，这样一来，就会出现虽然合伙人被"开

除"了，但是他的股份还得被保留，这样有可能让他躺赚，让所有企业的在职人员都为他打工。这也是很多老板不愿看到的事。那么怎么解决这个问题呢？

第一，公司章程要提前设置有关股东除名的约定情形

比如我们可以在公司章程中提前约定，如果股东退休，离开工作岗位，可以看作是自动离职，或者具有其他特殊的情况离开公司，那么就视其将全部出资转让给公司股东，而其中无受让人的由全体股东认购等类似的规定。

第二，企业需要提前设置有限公司的公司章程

有限责任公司和股份有限公司是我国公司法规定的两种重点类型，在一些高新技术企业或者是一些其他类型的中小型企业里面，有限公司的股东经常是以志同道合的发展理念来共同出资筹建公司的。所以任何股东的懈怠和离开都会违反相应的义务，都有可能使公司遭受一定的损失。

因此，如果有限公司在其章程中约定：如果股东出现离职情况，与企业出现辞退除名的问题，就必须将其所出资转给其他股东的类似内容。由于这一规定并没有违反公司法禁止性的规定，也没有违反诚实守信原则，所以公司章程中的除名条款是合法有效的。

股东之所以成为股东，是基于同一个公司章程的约定内容所成立的身份和地位，加入股东行列，成为企业股东大会一员的。如果股东在成为股东之前，对公司章程的除名条款不能认可，该股东可以在参与之前拒绝出资成为股东。

　　了解了规矩，就要按照规矩办事，不管你是创始人，还是企业的其他股东。因为有了统一的机制，所以每个人心中都有自己的意识边界和行为准则。正是这个原因，企业的主控权才能牢牢把握在企业手里。合伙人虽然很重要，但企业的发展更重要。如果想用裂变效应达到更深入的产业链推广，那么对于自己的内部组织架构和合伙人管理机制而言，还是先从根本抓起，先过了这关再说吧。

公司章程里的"特设创始人保护条款"

　　我有这样一个合作伙伴，明明是掌握了全公司90%的股权，竟然最终被掌握10%股权的合伙人踢出了局，主要原因就在于他们在分配股权的时候，没有真正看清楚，股权分配条款不够合理，所以才会在后面漏洞百出，给了对方有机可乘的缝隙。

　　其实对于企业来说，创业投资模式是一种相对特殊的企业投资模式。我们之前说了裂变的营销模式就是会让利，找自己的合伙人，但是倘若这个时候让创始人的地位受到威胁，就犹如一棵大树失去了地心引力，要想让它更进一步发展，拥有更强大的成长空间，肯定是不可能的。所以要想解决这个问题，就要保护好创始人的利益。

　　从理论上讲，创业投资模式不同于传统企业模式，传统企业模式总结为以下四点。

第一，股东因为投资而获得股权。也就是说，你成为股东的唯一原因就在于你是公司的投资者之一。

第二，股东的身份和员工的身份是相互分离的。如果你是股东，你可以是员工也可以不是。同样地，如果你是员工，你也可以是股东也可以不是。

第三，员工只凭借自己的劳动，获得劳动报酬，包括奖金和工资等一系列的公司福利。

第四，企业增长的收益，这些内容应该怎样归股东所有。

因为创业投资企业的情况不一样，所以在设置创始人保护机制的时候，所设置的内容也是各不相同的。

举个例子来说，我有一个很好的朋友，是一个传统企业家，同时也做投资人，当时赚了很多的钱。他曾和合伙人在1年中投资了4个项目，就在企业发展势头很好的时候，一个创始人突然提出了离职，而且想要带走自己的股份。

由于起初在投资协议中设计了股权分期成熟条款，此时创始人的股权还没有成熟，所以不能授予。但那个创始人说股权不要了，同时提出根据《劳动法》，作为员工，他享有离职的权利。就这样，他最终还是离开了公司。原来他在另外的城市做了一个同样的项目。通过在之前公司任职的经验积累，他在开辟新项目时很顺利。投资人因此很生气，幸好之前的投资协议中约定了"竞业禁止"条款，我就接受投资人委托，和那个创始人就"竞业禁止"条款进行沟通，限于此条款，他的新项目最终也没做起来。由于创始人之一离职，我朋友的项目也失败了。

由此看来，在创业模式下，创始人和投资人对公司的控制权都有很合理的诉求。创始人的诉求是：我应该是公司的主人，这是创始人的合理诉求，而投资人的诉求是，虽然公司是你的，但我的出资是最多的，所以我的权力也要得到合理的保障，而且不能失控。矛盾冲突就此展开，如果不能提前将这一切说清楚，写在合同里，后续一旦出现问题，就肯定不是小问题。那么针对这些问题，究竟该怎样有效解决呢？看看下面的建议，希望能够对大家有所帮助：

建议1：签订股东权益条款

刚开始在股东权益问题上，创始人很多是与合伙人达成的口头协议。起初的合伙创立人，可能是你的朋友、家人和挚友。你相信他们都是自己信得过的人。随着时间的流逝，人的记忆难免会变得模糊，而一些当时订立的条款，也都可能被误读或者误解。所以，要想保护好自己，就一定要记得将股权的权益在书面文件中写明。

建议2：不要混用资产

这是一种十分有效的保护操作，而且设置起来也十分简单。创业初期确保有足够的资金后，合伙人就可以去开通一个专门的商业银行账号，将所有的资金都存在该账号上。记住，该账号的钱，只能用于自己的初创企业。在创业前期，这些是最基本的企业手续，有时很容易被忘记，但千万不要因此掉入陷阱。那么什么是陷阱呢？试想一下

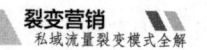

吧，如果你将资产相互混用的话，人家很有可能就会认为你的公司是一个"皮包公司"。同样的道理，令人生疑的还有你所要担负的有限责任。于是，你个人就很有可能面临被起诉，这是创始人要提前想到的事情。

建议3：执行好转让协议

如果你成立的是一家技术初创型企业，知识产权也许就是你最有价值的核心资产了。因此如何保护自己的知识产权，就显得异常重要了。简而言之，就是你要将所有的东西都"过户"给公司，同时立下书面证明。如果创始人是在公司成立前就已经发明创造出了某些东西，那么在公司成立的时候，就一定要落实好将该发明转让给公司的细节条款。在公司成立以后，同时还要要求所有的创始人，必须执行相关的转让协议。

这时候有人会认为，如果他们给外包商或顾问，去创造一些东西，那么物品的知识产权就会自动归初创公司所有，但事实并不一定是这样的。

此外，还有一个最重要的提醒，也是创始人在制定条款时，最容易忽视的事情，就是在创建新公司之前，如果自己还有其他的全职工作，那就一定要确保自己的初创企业的知识产权不要被现在的雇主所"吞占"。这听起来是不太可能发生的事情，但是在雇用合同当中，有些条款可能含有诸如"即使是员工在非工作时间所创造出的发明，都一律先要转让给雇用公司"的字眼。所以这个时候，创始人先要认真通读现有的雇用合同条款。除此之外，我们还需要留意其他合伙人的合同和文件。

建议4：考虑采用股份行权计划

创建和推广了自己的公司以后，大家很可能会出现一派其乐无穷、奋发图强的勃勃生机。因为所有人都怀揣着梦想。这时候，几乎不会有人主动愿意去想："要是情况发生突变，自己到底该怎么办呢？"但是天有不测风云，尤其是在出现合伙人离队的问题时，创始人之间要想对股份、期权等问题达成一致意见，就变得很不容易了。例如，我曾经共事过的一家初创公司，虽然还没有很多的盈利，但可以说前期的一切都是按部就班进行的。突然有一天，公司的一名合伙人因为自身的原因离开了公司，面对这样的突变，整个团队在接下来的转变中，出现了很多问题。究其原因，就是没有做到未雨绸缪。

其实为了防范类似的问题出现，我们可以考虑采用股份行权的计划。在该计划中，公司既可以赋予合伙人在一定的时间内享受一定比例的股权，也可以为其提供优先取舍权或回购权等。

建议5：保护自己权益

对于创始人来说，这条建议显得非常重要，并且在融资阶段，就显得尤为重要。要知道，你的权益并不是总是与初创公司的利益一致的。很多创始人在起初都执掌着企业半壁江山的股权，但因为没有及时处理好这个问题，最终手中的股权被不断稀释，稀释到10%甚至10%以下的状态。因此在签订合同协议的时候，创始人最好能够让专业的律师出面，对条款进行优化，保护好自己的权益。要知道，法律措辞有时候就是那么晦涩。对专业律师而言，解决这些问题，要比自己的条理更加清晰，思维更加细致缜密。

对于创业者来说，没有任何事情会比看到自己的初创公司茁壮成长更加开心的，所以从这一点来说，作为创始人一定要记住，如果想要公司在后续的发展中，有条不紊地向前推进，就需要从一开始就做到防患于未然，这样才能更好地保全公司利益，也从另一方面更好地保全了创始人的地位和核心利益。